루이 후아르트

고등학_ _ _ _ _ _ _ _ _ _가 저널리스트
로서 이_ _ _ _ _ _ _르 샤리바리*Le
Charivari*』의 편집자로 일하면서부터였다. 그는 동시대에 활동
한 언론, 문학, 미술계의 여러 유명인사를 날카로운 지성과 탁월
한 유머 감각으로 풍자했지만, 그 어떤 지면에서도 상대를 공격
적으로 비난하려 들지 않았다. 이런 그가 1841년, 파리에서 대
성행한 '생리학'이라는 기묘한 문학 장르를 연이어 출간한 것은
결코 우연이 아니었다.

그가 생리학 시리즈로 성공을 거둔 건 일간지에서 작업한 전설
적인 판화가 그랑빌과 탁월한 풍자화가 도미에 같은 같은 작가
와의 협업 덕분이었다. 저널리스트이자 작가, 연극감독으로도
활동한 그는 친구들 사이에서 늘 정직하고 신중한 사람으로 여
겨졌으며 그 이면에는 시대와 사람을 읽어내는 날카로운 통찰
력을 겸비했었다고 한다.

이 책, 『의사 생리학』은 새로이 등장한 의사라는 엘리트층의 부
상을 면밀히 터치하고, 그 이면을 들추었을 때 나타나는 참담한
실상을 가감 없이 폭로한다. 오늘날 독자들은 다소 거친 듯한 이
시사만평을 200년 전 고리짝 장르로 취급하고 싶을지도 모른
다. 하지만 과학의 눈부신 발전과 달리 그에 걸맞은 윤리의식을
갖추지 못한 어두운 현실을 목격하게 될 것이다.

의사 생리학

의사 생리학

Physiologie du Médecin

루이 후아르트 지음

홍서연 옮김

페이퍼로드
paperroad

일러두기

· 이 책은 Louis Huart, *Physiologie du médecin*, Aubert. 1841을 우리말로 옮긴 것이다.

· 모든 주는 옮긴이 주다.

차례

제1장

철학적이고 의학적인 머리말

오래전 누군가가 의사에 대해 "미지의 몸에 미지의 약을 투여하는 검은 옷의 남자"라고 정의를 내렸다.

이 금언은 오래되기는 했지만, 그래도 역시 우리를 안타깝게 하며 무엇보다도 매우 정확하다.

히포크라테스 이래 의학은 거대한 보폭으로 하루가 다르게 나아갔다고는 하지만, 사실 그 발걸음의 결과는 다음과 같은 상황일 뿐이다. 오랫동안 길을 걸어온 의사는 마침내 목적지에 도착한 줄 알고, 이마에서 땀을 닦아내고 만족한 표정으로 한숨 돌린 다음 안경을 쓰고 자신이 어디에 있는지 살핀다. 그리고 자신이 도착한 곳은 다름 아닌 출발점이라는 사실을 알아차린다.

그는 직선으로 길을 가지 않고 지독한 순환의 고리를 돌고 있었을 뿐이다.

그러므로 의사들은 누구보다도 더, "나는 무엇을 아는가?"라는 몽테뉴의 명구를 모토로 삼아야 할 것이다.

그뿐만 아니라, 진짜로 학식 있고 특히 진실로 성실한 의사들은 길고 긴 학업을 끝냈을 때 마침내 알게 된다. 자신이 아무것도 모른다는 사실을.

오늘날까지 사람들이 조롱해왔고, 필자 역시 이 글에서 존경할 만한, 그러나 별로 존경받지 못하는 우리 의사 선생님들에 대해 빈정거리고 있지만, 그분들이 고통받는 인류에게 시혜를 베풀고 있다는 것만큼은 인정해야 한다. 의술이 가져다준 결과 때문이 아니라, 의술에 정통하다고 언죽번죽 둘러대는 덕살 때문에 말이다. 여기에 어떤 환자가 있다. 한 남자가 침착하고 태연하게 그의 병상에 임하여 맥을 짚은 다음 냉정하고 신중하게 그의 혀를 살

펴보고서, 책임지고 병을 낫게 해주겠다고 낭랑한 목소리로 선포한다. 병든 몸으로 인해 정신이 박약해진 환자가 이 모든 것을 접하면, 이 남자는 그 사실만으로 이미 치료의 반 이상을 끝낸 것이다.

　나중에 필자가 밝힐 이런저런 이유로 **유명해진 의사들이 무명의 소심한 의사들보다 무수히 더 많은 환자를 치유하는 까닭은 이 점에 의해 완벽하게 설명된다.** 이 무명의 의사들은 환자에게 임할 때면 열이면 열, 수의壽衣 치수를 재러 온 장의사 같은 표

정을 하고 있으니 말이다.

그러므로 의사는 항상 자기주장에 대해 확신을 가진 것처럼 보이는 것이 중요하다. 그리고 요즘 의사들은 반드시 이러한 좌우명을 따른다는 것을 알아야 한다. 아마 히포크라테스의 가르침은 아닌 듯하지만.

두 번째 좌우명도 이와 마찬가지로 중요하다. 더 나은 세상이라고들 하는 저세상으로 곧 떠날 것 같았던 환자가 치료 덕분인지는 몰라도 설명할 수 없는 경이로운 자연의 신비에 의해 회복되는 경우가 있다. 이때 의사는 너무 놀란 기색을 보여서는 안 된다. 의사는 이 놀라운 치유의 결과를 예외 없이 자신의 공으로 돌려야 한다. 자연은 결코 보상을 요구하지 않는 호인이므로, 그렇게 해도 아무런 지장이 없으니 말이다.

그러므로 이 두 번째 좌우명 또한 요즘 의사들이 능히 실천하는 항목임을 알아야 한다. 마찬가지로 히포크라테스의 가르침은 아니지만.

마지막으로, 오늘날의 히포크라테스들에게 완전히 불필요할 세 번째 지침은, 다른 의사들을 깎아내려 자신을 드높여야 한다는 것이다. 사실 의사들의 장점 한 가지를 인정해주어야 한다면 그들이 서로를 진심으로 증오한다는 점이다.

필자는, 인간이 죽음과의 투쟁을 시작한 이래 ― 언제나 마지막 승자는 죽음이지만 ― 그가 생각해낸 모든 치료법을 추적하지는 않을 것이다. 자기만이 옳다고 생각한 무수히 많은 의사가 발표한 기기묘묘한 사상을 모두 담으려면 엄청난 권수의 **백과사전**이 필요할 것이다.

　게다가 그것은 플라스크와 찜질팩의 미궁 속에서 길을 잃는 일이 될 것이다. 그 발명자에 의하면 그것들은 하나같이 놀랄 만한 효과로 크든 작든 명성을 얻은 것들이다.

필자는 사혈요법*과 거머리요법†, 냉수요법과 온수요법, 전염설과 비전염설 등등 사이에 있어온 경합, 아니, 진정한 결투에 대해 판결을 내리려는 의도는 없다.

필자는 스가나렐‡의 견해에 따라, 그러나 약간의 변형을 가해 이렇게 말할 것이다. **사혈요법과 거머리요법 간에는 손을 대지 말지어다!**

필자는 단지 의사라는 이름을 지닌 이 다면적

---

* 히포크라테스를 비롯한 고대 그리스 의사들은 염증과 열의 원인이 혈액의 과다함에 있다고 생각하여, 병의 치료와 예방을 위해 사혈요법을 썼다. 이는 고대부터 17세기까지 서양 의학에서 널리 사용되었던 방법으로, 인류 역사상 가장 오래된 치료법이다. 17세기에 이르러 의문이 제기되었으나 19세기까지 여전히 성행하였다.

† 사혈요법에는 크게 세 가지 방법이 있었다. 정맥 절개, 부항, 피를 빼는 방법이다. 거머리요법(la sangsue)은 이 세 번째 방법의 일환으로, 거머리를 사혈에 사용한다. 이미 중세에 시행되었고, 특히 19세기에는 두통 치료를 위해 관자놀이에서 거머리로 피를 빨게 하는 것이 유행할 정도로 성행하였다.

‡ 몰리에르 희곡에 나오는 인물의 이름으로, 『스가나렐 또는 상상 속에서 오쟁이진 남자Sganarelle ou le Cocu imaginaire』(1660), 『사랑이라는 의사L'Amour médecin』(1665), 『동 쥐앙 또는 석상의 잔치Dom Juan ou le Festin de pierre』(1665), 『억지 의사Le Médecin malgré lui』(1666) 등에 각기 다른 유형의 인물로 등장한다.

존재의 주요 특징 몇 가지를 고찰하고자 할 뿐이다! 그리고 **퐁타나로즈**[*]에 필적하는 사기 행위에 동원된 주요 수단들을 조롱해보고자 한다.

그렇지만 필자가 의학계에 약간의 무례를 범한다고 해서 작심하고서 가장 훌륭한 것까지 모조리 희화화하려 한다고 생각해서는 안 된다. 그것은 당치도 않은 일이다. 필자는 우리가 의술에 빚진 것이 무엇인지, 청렴에 빚진 것이 무엇인지 너무나 잘 알고 있다. 또한, 참된 박애주의 의사들은 우리가 아무리 존경해도 충분치 않으리라 생각한다. 그들은 밤낮으로 가난한 이들의 병상에서 처방을 내리고 지갑을 열어 그들을 도울 것이다! 필자는 어서 경의와 존경을 표하고 싶은 마음뿐이다. 그런 의사를 발견하기만 한다면 말이다!

그러나 여태껏 그런 의사가 자주 보이지 않는 것을 보면, 우리가 열심히 찾지 않았다고 믿어야 할 터!

---

[*] 1831년에 초연한 프랑스 작곡가 오베르의 오페라 〈미약媚藥Philtre〉에 등장하는 돌팔이 의사. 이 오페라의 바탕이 된 스크리브의 희극은 이후 도니제티의 오페라 〈사랑의 묘약L'elisir d'amore〉의 바탕이 되었다.

반대로 환자들을 죽게 만드는 의사들에게는
양심의 가책과 밤의 악몽이 있기를 바라는 바이다!

제2장

프랑스 내 개업의 및 노는 의사의 수

"400명이라고요?"

"네, 선생님. 400명이요!"

"리옹에 말입니까?"

"네, 선생님. 리옹에만요!"

"행복한 도시에 불행한 의사들이로군요!"

도시든 시골이든, 금수저든 흙수저든, 귀족이든 놋쇠수저든,* 프랑스의 모든 젊은이에게 소위 자

---

*   원문은 "de la richesse ou de la médiocrité non dorée, de la noblesse ou de la ferblanterie"로, '부유함'과 '초라함(금이 아님)', '고귀한 신분'과 '평범한 신분(놋쇠)'를 대비시킨 표현이다.

유로운 교육이라는 것을 시켜야 한다는 강박관념*이 어떤 결과를 낳았는지 보라!

헌장†에서 모든 꼬마는 라틴어 문법과 『고대 그리스사Historiae Graecae』‡ 앞에서 평등하다고 승인한 후 무슨 일이 일어났는가? 모두가 학자이고 모두가 라틴어 작문과 고대 그리스어 해석에 적어도 가작 입선은 하게 되었으니, 이제 사람들은 모두 자신이 **자유직**에서 최고의 성공을 거둘 것이라 믿는다.

그 결과, 양품 제조업이나 고급 가구 세공업 분야에서 가장 명예로운 경력을 지닌 가장은 자기

---

* 자유주의 경향이 강했던 당시의 공교육 개혁을 시사한다. 1791년 헌법이 무상 공교육을 조직할 것을 선포한 이래 공교육 개혁은 자유주의의 기치 아래 1800년대 말엽까지 지속적으로 이루어졌다.

† 루이 18세가 공포한 1814년 헌장을 말한다. 이 헌장은 왕이 국민에게 내리는 형식을 취하고 있지만, 1789년 대혁명이 이룬 것을 폭넓게 보장할 것을 강조했다. 법 앞에서의 만인의 평등, 재능에 따른 취업의 자유, 종교와 출판 및 언론의 자유 등을 골자로 했다.

‡ 고대 그리스 철학자이자 역사학자인 크세노폰(B.C. 430년경 ~ 354년경)의 역사서로, 여기서는 라틴어본을 말한다.

아들을 의사나 변호사로 만들지 못하면 부끄러워해야 할 지경이 되었다.

그로부터 리옹에 의사가 400명! 그리고 파리에는 4,000명.

영원히 기구한 운명을 타고난 도시들이 있는데 그중 리옹을 가장 먼저 꼽아야 할 것이다. 여러 번의 홍수, 폭동, 열병으로도 모자라, 이 불행한 도시는 이제 의사 400명의 공격을 받고 있다.

그런데 400명의 의사가 대체 어떠한 존재일지 생각해본 적이 있는가? 그중 380명에게는 환자가 없다!

잔인함으로 말할 것 같으면 호랑이, 하이에나, 자칼, 그 밖의, 인간에 비해 행동이 섬세하지 못한 동물들을 꼽지만, 이 네 발 달린 야수들은 의사라 불리는 두 발 달린 검은 동물에 비하면 순한 양에 지나지 않는다.

여행자의 갈빗살로 점심 식사를 하는 호랑이는 그 여행자를 전혀 알지 못한다는 — 또는 사막의 생태계에서 기껏해야 한두 번 만난 적이 있을 뿐이라는 — 정상 참작의 권리를 행사할 수 있다.

시내에 도착한 의사는 그의 환자들로 점심뿐 아니라 저녁까지 해결하려 들며, 잘 발현된 폐병이나 장티푸스를 원할 때 가장 먼저 친구와 지인을 찾는다.

이 식인종이 당신의 손을 붙잡고 만족스러운 표정으로 미소를 짓는다면, 그것은 당신의 살갗이 열로 인해 뜨겁고, 살짝 불편한 무엇인가를 품고 있어서, 적절히 건사해주면 두세 달은 족히 지속되는 병으로 전환될 것임을 알기 때문이다. 하루 두 번의 진료, 그 정도면 충분히 배를 채울 양이 될 터다.

지금 이 순간 리옹의 보도에는 왼쪽이든 오른쪽이든 열이 나는 사람이 있지는 않은지 사방팔방 냄새를 맡으며 기웃거리는 380명의 산보자가 득실거릴 것이다. 죽음을 맞이하려는 참새 한 마리라도 있으면 반드시 냄새를 맡아내는 또 다른 검은 옷의 인물인 사제*와 마찬가지로 말이다.

---

* 　원문에 쓰인 단어는 '까마귀(corbeau)'로, '참새'와 호응하며, 구어에서 '사제'

차이가 한 가지 있다면 사제는 '생애'라 부르는 질 나쁜 농담을 환자가 어서 빨리 끝마치기를 바라지만, 의사는 가능한 한 오래도록 그 쾌락을 유지시키려 들며, 이 불쌍한 이의 죽음을 바라지 않는다. 하지만 그렇다고 해서 건강을 바라는 것은 아니다. 그는 몹시 불쾌한 중용의 도를 취한다.

신께서는 어찌나 작고 사소한 일에까지 신경을 써주시는지 놀라울 따름이다. 신의 섭리 덕에 리옹에 무수히 많은 변호사가 쏟아져나오지 않았더라면, 리옹의 의사 400명은 아마도 언제나 팔짱을 끼고 앉아 있거나, 스스로 몹시 아파서 자기 손목에 맥을 짚어야 했을 것이다. 변호사란 의사만큼이나 검은색을 띤 옷을 입은, 의사만큼 자유직을 가진, 의사만큼 굶주린 또 다른 젊은이다.

신의 가호 덕분에 의학 박사님들은 변호사에게 의학적인 진료를 해주고 법학 박사님들은 의사에게 법적인 진료를 해준다. 계산은 조금씩 달라지

의 뜻으로 통하기도 한다.

지만 지급하는 것은 없다. 다만 이 박사님들은 "저에게는 고객이 있습니다"라고 말할 자격을 갖추게 되는 것이다.

민감한 부모들이여, 특히 검은 복장의 미에 과도하게 민감한 부모들이여. 아드님을 따스하고 색감 좋은 갈색 재킷의 착장 속에 그대로 놓아두시라. 닳고 닳은 검은 복장만큼 불쌍한 것은 없으니까. 닳고 닳은 검은 복장은 더는 검지도 않으니까.

그리고 또한 설상가상으로 이 거만한 복장이 거리에서 당신들을 마주칠 때면, 민감한 부모들이여, 당신들의 시선에 그는 민망해서 낯을 붉힐 것이다.

더는 흑색이 아닌 불그죽죽해진 검은 옷이라니! 과연 아드님에게 이 옷을 입히기 위해 평생 모은 돈을 몽땅 쓸어 넣을 필요가 있었단 말인가?

제3장
명의가 되는 다양한 방법

대체로 의사는 어지간히 유명하지 않으면 환자가 없고, 어지간히 환자가 많지 않으면 유명해지지 않는다.

그러므로 의료업계에 발을 들여놓은 불행한 자들은 벗어나기 힘든 악순환에 빠진다. 유명하지 않아서 환자가 없고, 환자가 없어서 유명해지지 않는다! 의학은 기하학과 달라서, 사람들은 굳이 미지의 의사를 찾아가지 않는다.

보잘것없는 의학도를 유명한 개업의로 바꿔놓는 이 어려운 변화를 실현하기 위해 능력 있는 의사들은 두 가지 방법을 쓴다. 즉 일하기와 사기 치기다.

운이 좋으면 그들은 일을 해서 15년에서 18년 안에 1,000에퀴*의 수입을 올릴 수 있다.

사기 행위를 통해서는 아주 운이 없지 않은 이 상 2, 3년 안에 12,000에서 15,000프랑의 수입을

---

*   1795년 혁명 의회가 통일 화폐 단위를 프랑(franc)으로 규정하기 이전에 프 랑스에는 여러 화폐가 통용되고 있었다. 에퀴(écu)는 은화로서, 금화인 루이 도르(louis d'or) 및 보조통화 리브르(livre)와 함께 가장 많이 사용되었다.

올릴 수 있다. 이 단순한 계산은 어째서 사키 부인[†]의 극장이 문을 닫았는지를 완벽하게 설명해준다. 그처럼 많은 의사가 곡예사가 되어버린 후 곡예사라는 직업은 이 부인에게 더는 아무런 이득을 가져다주지 못하게 되었으니까.

　더 나아가, 솔직히 말해서 가장 저명한 의사와 가장 유능한 의사 중에 일생에 거쳐 적어도 한 번의 작은 사기도 치지 않았다고 할 만한 사람은 단 한 명도 없을 것이다. 그들이 광고를 이용해 요란하게 선전을 해대며 팽팽한 줄 위에서 춤추는 묘기와도 같은 이 천박한 사기 행위를 일삼기 때문이 아니라, 거리마다 구석구석 붙여진 전단에서 **불가사의**라 입을 모으는 모든 질병의 만능 치료자를 자처하기 때문이 아니라, 마지막으로, 눈먼 자들에게 온갖 희롱을 당하게 하고서 치료법을 발명했다고 주장하기

[†]　사키 부인(Madame Saqui, 1786~1866)은 19세기 프랑스 최고의 줄타기 곡예사로, '테아트르 드 마담 사키(le Théâtre de Madame Saqui)'라 불린 곡예 전문 극장의 이권을 소유하고 있었다. 이 극장은 1830년경까지 전성기를 누린 후 재정 문제로 1838년에 소유권이 이전되었고, 이 책이 출판된 해인 1841년에 파산으로 폐쇄되었다.

때문이 아니라, 신중하게 의도된 실질적인 사기 행위가 존재하기 때문이다.

당신과 절친한, 혹은 덜 친한 의사를 만났을 때, 통상적인 인사가 끝나자마자 건강한 친구를 보러 갈 시간이 조금도 나지 않을 만큼 바빠 죽겠다고 말하지 않는 이를 한 명이라도 본 적이 있는가?

당신이 유명한, 혹은 무명의 의사에게서 진료를 받았을 때, 대기실에서 무료 진료를 기다리는 불쌍한 환자 열두어 명을 보지 못한 적이 한 번이라도 있는가? 그들이 연기하는 역할은 극장 문에서 나눠

주는 **입장권**과 같은 것, 다시 말해 그곳이 누구나 맘 편히 와서 도움을 얻을 수 있는 핫 플레이스라고 믿게 하는 것이다.

마지막으로, 당신이 의사와 함께 저녁 식사를 할 때, 식사 중에 제복 입은 하인이나 하녀가 서둘러 달려와서 곧장 모모 백작 댁, 또는 아무개 남작 댁으로 가야 한다고 말하는 것을 보지 못한 적이 있는가?

평범한 사람들처럼 거리를 걷는 의사를 본 적이 있는가? 언제나 그는 환자에게 처치해줄 치료법

을 궁리하는 듯한 표정을 짓고 있지 않던가? 그 환
자를 자주 방문하지는 않지만 말이다!

　　치료가 다 끝나면 의사는 언제나 병이 위중했
으며 대부분의 다른 의사였다면 잘못된 방법으로
고생했을 거라고 환자에게 공공연히 말한다. 그렇
지만 환자가 사망했다면 그는 병이 생각보다 위중
했다고 말하지 않고 떠날 것이다. 그렇지 않으면 자
신이 심각하게 무지하다는 것을 인정해야 하는데,
의사 쪽에서 그것을 인정하는 경우는 결코 없다.

　　그러므로 필자는 의사의 사기 행위가 일정한
선을 넘지 않는 한 굳이 비난하지 않는다. 그러나
자신의 체면과 남들의 존경을 중히 여기는 집단이
어째서 선을 넘는, 그것도 세게 넘는 회원들을 보고
만 있는지 도무지 이해할 수 없었다.

　　변호사, 공증인, 소송대리인, 하다못해 하찮은
집행관까지, 일찍이 아르날이 '**망나니들**'이라 부른
이 공무원 집단이라면, 이들이 단돈 **6프랑**에 변론
이나 재산 정리나 청부살인을 맡아준다는 광고지
를 거리마다 붙이도록 절대 놓아두지 않을 터이다.

무엇보다도 그것은 전혀 적절하지 않으며, 둘째로, 흔히 환자를 영영 망치는 일이다.

이 박사님들은 충분히 **의사협회**의 논문과 특히 신문 **광고**의 사기를 만회할 수도 있었을 것이다.

사실 의사들은 4면에 실리는 저속한 광고에 더해, **라카우데자랍***부터 개 판매까지, 그들의 이름과 주소를 삽입하기 위해 별의별 방법을 다 동원한다.

시내로 저녁 식사를 하러 가던 신사가 합승 마차에 치였다고 ─ 다행히도 사건 장소에 저명한 의사가 있어 그가 온 정성을 다해 부상자를 치료했다고 ─ 하면 의사의 이름과 주소가 나오기 마련이다.

또는 어린아이가 개에게 살짝 물렸는데(개는 프랑스 아이가 15분 동안 꼬리를 잡아당기는 바람에 흥분해서 사나워졌다고 진술된다.) 모모 의사가 뛰어와 이 상황을 치료의 기회로, 그러니까 유명해질 기회로 삼으면,

---

* 터키에서 들어와 '아랍인들의 라카우(racahout des Arabes)'라 불린 음식으로, 카카오, 설탕, 곡물 가루를 끓여 죽 또는 뜨거운 음료 형태로 먹었으며, 19세기에 큰 인기를 끌었다.

늘 그랬듯이 그의 이름과 주소가 실리기 마련이다.

그러나 언제부터인가 가장 유행하는 방법은 의사의 적절한 치료로 목숨을 구한 사람이 신문의 편집국장에게 보내는 감사 편지이다. 물론 그 의사는 유명한 의사가 되는 방법을 찾고 있었을 터. 인류의 이름으로, 한 줄에 1프랑 50상팀 값에 삽입된 이러한 편지를 쓰는 방식은 거의 한결같이 다음과 같다.

편집국장님,

부디 우수한 귀 신문의 지면을 저에게 빌려주시어, 제가 인류애의 시혜자로 간주하여 마지않는 분께 공개적인 감사를 표할 수 있도록 해주셨으면 합니다. 저는 3년 전부터 먹지 못하고, (등등 수많은 질병의 상세한 증상들이 이어지며 지면을 채우지만 이 책에서는 덜어내야 할 듯하다.) 국장님, 제가 삶의 의욕을 잃고 역겨운 상태에 놓여 있었을 때 신의 섭리로 알게 된 **팔르팽** 선생님은 겨우 3주 만에 저를 그 무서운 병에서 구해주었습니다.

존경을 표하며,

그랑드트뤼앙드리가街

포타르 배상拜上

제4장

동종요법 의사

독자들은 분명 **동종요법**同種療法*에 대해 말하는 것을 들은 적이 있을 것이다. 의료계의 이 최신 유행은 독일의 산간벽지에서 흘러들어와 최면술†만큼이나 요란스러운 반향을 일으켰다.

---

* 동종요법(homéopathie)은 질병과 비슷한 증상을 일으키는 물질을 극소량 사용하여 병을 치료하는 방법으로, 독일 의사 사무엘 하네만(Christian Frie-drich Samuel Hahnemann, 1755~1843)에 의해 18세기 후반에 창시되었다.

† 근대적 최면요법은 독일 의사인 메스머(Franz Anton Mesmer)로부터 시작되었는데, 그는 1773년에 동물 자기(magnétisme animal)라는 가상의 힘이 우리 몸에 흐르며 이를 통해 신경성 환자를 치료할 수 있다고 주장했다. 이 책에서 말하는 최면술(magnétisme)은 동물자기설을 근간으로 하는 메스머리즘을 가리킨다.

오늘날에 이르기까지 우월한 집단과 의료계에서는, 질병 치료를 위해서는 병이 만들어내는 결과와 반대되는 효과를 산출하는 약을 써야 한다는 것이 정설이었다. **콘트라리아 콘트리스***라는 경구가 거기서 온 것이다. 라틴어 문구로 똑똑한 척해서 독자들에게 죄송하지만, 의사들의 라틴어는 모두가 이해하는 요리 라틴어와 공통어이다.†

위에서 인용한 보건 규범은 히포크라테스 시대에 나온 것이기 때문에 지금은 상당히 낡은 게 되어버렸다. 또한, 몇몇 독일 의사들은 옛날식 식이요법으로 치료한 환자들이 더 나은 세상‡으로 떠나기를 고집하는 것을 보고서 다음과 같이 중얼거린 바 있다. **"타테플! 타테플!**§ (모든 독일인은 말을 이렇게 시작한

---

*   "반대는 그 반대로 치료된다(*Contraria contrariis curantur*)." 히포크라테스가 내세운 원칙으로, 체액설을 바탕으로 한다.

†   실제로 체액설에서 체액의 생성, 혼합, 균형, 회복은 요리에 비유되어 설명되었다.

‡   제1장(11쪽)에서도 쓴 나타난 표현으로, '저세상'을 말한다.

§   타테플(Tarteifle)은 사탄을 뜻하는 독일어 욕설인 'Der Teufel'의 프랑스식

다. 특히 보드빌[¶]을 참고할 것.) 옛날 의학이 듣지 않으니 완전히 새로운 의학을 생각해내야겠군!"

그렇게 고안한 최신 의학은 확실히 새로움이라는 커다란 장점이 있어서, 지금은 반대되는 것으로 치료하는 대신 같은 것으로 치료한다. **시밀리아 시밀리부스**[**]. 이 또한 요리 라틴어, 아니, 의학 라틴어다.

가벼운 감기에 걸렸는데 떼어버리고 싶을 때, 당신은 동종요법 의사를 찾을 것이다. 그러면 우리의 히포크라테스는 무엇을 하는가? 그는 당신에게 지독한 폐병을 유발하는 약을 처방해준다. 그리고 일단 그 폐병이 나으면 (당신이 그 병에서 치유되는 경우에) 당신은 애초의 병에서 완전히 해방된다. 기적같은 일이다!

표현이다. 의미는 '지옥에나 가라', 또는 '제기랄'.

[¶] 보드빌(vaudeville)은 17세기 말엽부터 프랑스에서 유행한 연극 장르로, 희극적인 상황극, 발레, 노래 등이 결합된 가벼운 버라이어티 쇼의 형태로 대중적인 인기를 끌며 상연되었다.

[**] "같은 것은 같은 것으로 치료된다(Similia similibus curentur)". 동종요법의 창시자인 사무엘 하네만이 만들어낸 말이다.

당신은 허리가 아픈가? 동종요법 의사는 자연
스럽게 당신을 접촉할 기회를 신속하게 포착하고,
멋들어진 빗자루 손잡이를 신속하게 잡고 당신의
허리에다가 속된 말로 **몽둥이찜질**이라 부르는 치료
제를 투여한다. 몇 초 후 당신은 애초의 통증에 대
해 더는 생각도 하지 않게 될 것이다.

당신은 두통으로 고생하고 있는가? 에잇! 뇌
막염을 받으시라! 그래서 반드시 사망하는 것은 아
니다!

게다가 동종요법 의사들이 위에서 설명한 방법으로 치료에 성공하는 것은 사람들만이 아니다. 그들은 평범한 네발 동물에도, 그러니까 당나귀에게까지도 아낌없이 동종요법을 시술한다.

그러나 필자가 생각하기에 그들이 언제나 그 유명한 **시밀리아 시밀리부스** 준칙을 따르지는 않는 듯하다. 그건 기독교와 동종요법에 대한 지나친 모독일 터.

이 교의의 또 다른 근본 원리는, 내용약內用藥을 처방할 때 극소량만을 쓰는 것이다. 여기에는 장점이 있는데, 그렇게 하지 않으면 동종요법 의사가 대중에게 끼칠 해악은 더욱 극심할 것이기 때문이다.

　내복약 복용 시에는 루이 14세 치하 **퓌르공 씨**[*] 시대의 조제법으로 지은 그 고약하기 짝이 없는 거무죽죽한 액체를 한 잔 가득 마시는 대신, 약 1mg의 백색 가루 한 포를 드시라.

이 분말 1mg을 깃털로 떠서 맹물 한 병에 넣고 몇 분 동안 잘 저어 잔에 따르라. …… 이 딱한 양반아, 지금 무엇을 하는 겐가? 한 잔을 다 마시려 했단 말인가? …… 빌어먹을! 어떻게 그럴 수가!

작은 찻숟가락 하나로 그 액체를 반 술만 떠서 드시라! 단 한 술도 안 되는 양이다! 이제 됐다. 당신은 약을 먹었다. 그리고 만약 약이 듣지 않는다면 그것은 동종요법의 잘못이 아니라 당신이 약을 몇 방울 더 마셨거나 덜 마셨기 때문이다.

병이 무엇이든 간에 모든 약은 같은 방식으로 처방된다. 그리고 더 나아가, 이처럼 섬세하고 기분 좋은 역할은 거의 언제나 이 경이로운 백색 가루에 맡겨진다.

그뿐만 아니라, 내치라, 탕약! 뿌리치라, 톨뤼고膏, 레뇨정錠, 달팽이고膏!† 물리치라, 여태껏 기침

---

* 몰리에르의 마지막 희곡인 『상상병 환자*Le Malade imaginaire*』(1673)에 등장하는 의사로, 무능하고 탐욕스러운 인간의 전형이다. 그의 이름 Purgon은 라틴어 purgo(배출시키다, 관장하다 등)에서 가져온 것이다.

† 톨뤼고(pâte de Toiu)는 '페루의 발삼'이라 불리는 남아메리카 원산지의 미록

약, 건위제, 진경제鎭痙劑랍시고 부당하게 명성을 떨친 모든 것을!

대추야자 정제 한 알로, 동종요법은 기갑병 한 부대의 백일해를 치료할 수 있는 양을 제조할 것이니.

불행히도 동종요법 의사들은 사례금에 관해서는 견해가 갈리며, 지극히 적은 양으로 처리하기는 커녕 반대로 무한히 큰 금화 더미를 좋아한다. 아무래도 보상 욕구 때문일 거다.

어쨌든 간에, 양심적이기만 하다면 모든 견해는 존중되어야 한다. 의사들은 조그마한 처방전과 커다란 사례금을 좋아한다. 그들의 견해에 존중을! 단지, 이 의사들이 이제 막 어떤 환자에 의해 새로 발명된 **동종지불법**을 좋아할지는 의문이다.

필자가 실화임을 보증하는 이 사건의 전말은

실론 속 나무(*Myroxylon balsamum* 또는 *Myroxylon toluiferum*)에서 얻는다. 호흡기 질환, 관절통, 두통 등에 쓰이거나 다른 약의 재료로 쓰였다. 레뇨정(pâte de Regnauld)과 달팽이고(pâte de colimaçon)는 제15장에 등장하는 '호흡기.윤활제'이다.

다음과 같다.

최근 어떤 환자가 파리에서 가장 유명한 동종 요법 의사를 방문했다. 다음은 그가 진료실에 들어간 후 오간 대화이다.

의사　　어디가 안 좋으십니까?

환자　　오, 의사 선생님, 저는 7, 8년 전부터 끔찍한 두통에 시달리고 있습니다……. 스무 명이 넘는 의사를 만나보았지만 제 병을 조금이라도 가라앉힌 분은 한 분도 없었습니다! ……

의사　　그들은 멍청이입니다! …… 그 대증요법對症療法* 의사들에 대해서는 말씀도 하지 마십시오……. 그들은 진짜로 무식한 자들입니다……. 지금 많이 아프십니까?

환자　　끔찍하게요, 선생님……. 특히 관자놀이 쪽이요…….

---

*　대증요법(allopathie)은 겉으로 나타난 병의 증상에 대응하여 대처하는 치료법이다.

의사   다행이군요…….

환자   뭐라고요?

의사   다행이라고요……. 제가 완전히 낫게 해드리
      겠습니다……. 제대로 다룰 줄만 안다면 이
      병은 아무것도 아닙니다…….

환자   오, 감사할 따름입니다……. 완치되는 데 몇
      달이면 되겠습니까?

의사   몇 달이라…… 어디 봅시다……. 당장 낫겠
      습니다. (작은 병을 재빨리 환자의 코에 갖다 댄다.) 자,
      어떠십니까?

환자   그저 마찬가지입니다!

의사   당연하지요……. 2번 병으로 갑시다. (동일한
      작은 병을 재빨리 동일한 코에 다시 갖다 댄다.) 자, 이
      제! …… 확실히 나아진 느낌이 드시지요?

환자   (여전히 작은 병을 향해 킁킁거리며) 맹세코 전혀 아
      무런 느낌이 없습니다…….

의사   그럴 수 있습니다……. 아직은요……. 하지
      만 신선한 공기를 마시면…… 확실히 나아진
      느낌이 들 겁니다……. 그리고 내일 아침이

	되기 전에 나을 것이고…… 완전히 치유되실 겁니다!
환자	아, 그럴 리가요!
의사	제가 그렇다면 그런 겁니다……. 젠장, 저는 의사입니다! …… 설마 저보다 많이 안다고 생각하시는 건 아니겠지요? 저한테 의사의 일을 가르쳐주시려는 건 아니겠지요, 설마……!
환자	선생님, 진료비가 얼마입니까?
의사	(최고급 직물의 모든 특성을 갖춘, 환자의 엘뵈프 나사*를 흘끗 보며) 100프랑입니다……!
환자	(천장에 머리를 부딪칠 뻔하며) 100프랑이라고요?
의사	동종요법 치료로 건강을 되찾게 해드렸는데 그게 너무 비싸다고 보십니까?
환자	건강을 되찾게 했다고요? …… 약병 두 개 냄새 맡은 게 100프랑이라니…… (번외편) 잠

---

*   노르망디에 위치한 엘뵈프 지역에서 생산된 최고급 직물로 양복을 짓는 옷감으로 사용된다.

깐! 나도 네 놈에게 동종요법 치료를 해주지!
(환자는 호주머니에서 금화 다섯 닢을 꺼내 재빨리 의사의
코에 갖다 댄다.)

의사 (손을 내밀며) 그것참! 이보시오……?

환자 네? 아직 지불이 안 되었다고요? …… 아, 맞
습니다. 이걸로는 충분치 않죠……. 두 번
해야 합니다. (다시 금화를 의사의 코에 갖다 댄다.)
이제 만족하셨죠?

의사 여보세요, 저는 이 농담을 이해하지 못하겠
군요!

환자 맹세코 저는 지불을 했습니다……. 선생님이
저를 치료해주신 것과 마찬가지죠……. 저는
금융업자입니다……. 지불한다는 게 뭔지 알
죠. 저에게 금융을 가르쳐주시려는 건 아니
겠지요? …… 당장은 지불받지 못했다고 여
기실 수도 있습니다……. 하지만 잠시 나가
서 신선한 공기를 마시고 돌아오시면, 분명
히 지갑 속에 100프랑이 있을 겁니다…….
안녕히 계십시오, 선생님! (환자는 나가고, 의사는

경악한 표정으로 소파에 주저앉는다. 이제 그 역시 끔찍한

두통에 시달린다!)

　내가 확신하기로는, 애초에 동종요법 이론을
생각해낸 의사가 약제사 딸에게서 거절을 당하게
되었는데, 동종요법 학파는 이처럼 화난 애인의 분
노로부터 탄생한 탓에, 감초와 센나*를 800%의 이
윤으로 판매하는 이 박애주의적 기관, 즉 약제상을
영원히 무너뜨리고 말 것이다.

　약사들 또한, 백색 분말 갑을 직접 만들어 판
매하는 동종요법 의사에 대하여 극렬한 증오심을
맹세했다.

　지극히 작은 이 백색 분말 갑이 옛날 방식의
거대한 약병만큼 비싸지 않았더라면 불평할 여지
가 없었을 것이다!

　사람들이 동종요법 의사에 대해 불평하면 그

---

*　인도, 아프리카, 아라비아에서 자생하는 소관목으로, 잎을 말려 하제下劑
　로 쓴다.

들은 이렇게 대답한다. **"모든 사람은 살아야 한다!"**[*]

불행히도 이 문장은 그들의 환자에게는 적용되지 않는다!

---

[*]　"Il faut bien que tout le monde vive." 오늘날에도 인용되는 경구이지만 원출처는 확실하지 않다.

제5장

진료 승인서

많은 이가 당신에게 확언하기를, 난처한 일이 있을 때는 한 사람의 의견보다 네 사람의 의견이 낫다는 것이다.

솔직히 말해 취향이란 본래 각양각색이어서, 이 경우 서로 다른 네 가지 의견은 그저 우리를 네 배로 난처하게 할 뿐이라고 털어놓는 바이다.

특히 의학적 사실에 대한 넷 또는 다섯 의사의 의견 — 더 좋은 말로 진료 — 이란, 필자가 보기에는 전적으로 의사들만을 위해 고안된 것이다.

사람들이 진료라고 부르는 의료 장난질에는 두 가지 방법이 있다.

첫 번째 방법

환자의 상태를 진찰하러 올 의사를 주치의가 지정해주도록 맡긴다. 주치의는 당연히 자신의 친한 친구들 중에서(의사 사이에서 친한 친구라 할 만한 것이 있다면), 아니면 적어도 좋은 관계에 있는 이들 중에서, 또는 관용어로 오랫동안 오는 정, 가는 정이 있는 이들 중에서 의사를 선택한다.

그러므로, 과학의 횃불로 병의 신비를 밝혀주어야 할 진료는 다음과 같은 방식으로 이루어진다.

네 명의 의사가 환자 방 옆방으로 들어온다. 그중 세 명이 다소 무게를 잡고 멋진 소파에 자리 잡는 동안, 한 명은 벽에 걸린 그림들을 주의 깊게 보느라고 서 있다.

의사1 자, 지라르도 씨, 선생의 의견은 무엇이오?

의사2 먼저, 선배이신 데르부아 씨가 말씀해주시오. 자, 데르부아 씨, 어떻게 생각하시오?

의사3 (여전히 그림을 보며) 여러분, 이건 1,000에퀴는 되겠소……. 와토 최고의 그림 중 하나요…….

의사1 우리 데르부아 씨는 여전히 여유로우시구
    려……. 그림 생각밖에 없으시다니……. 우
    리는 환자에 대해 말하고 있었소. 리고베르
    씨 말이오…….

의사3 아, 아! …… 나는 지라르도 씨와 완전히 같
    은 의견이오……. 좀 전에 나온 의견에 동의
    하오……. 지라르도 씨는 가련한 리고베르
    씨의 상태에 대한 내 생각을 잘 표현해 주셨
    소…….

의사4 (지팡이 손잡이를 씹다가) 그건 그렇고…… 내게
    이번 시즌의 이탈리아 로지* 숙박권이 있는
    데 나누어 쓰실 분 있소? …… 우리는 한 주
    에 한 번이면 충분하다오.

의사3 나는 음악을 좋아하지 않소……. 그리고 이
    탈리아인의 장식은 너무 형편없소……. 이

---

* 로지(loge)는 본래 '오두막집'을 뜻하지만, 프랑스에서는 임시 거처로 사용하
   는 전원주택을 이렇게 부른다. 이러한 전원주택이 실제로 오두막집인 경우
   는 거의 없다.

그림은 끔찍하구려!

의사4   그렇지만 그 로지를 혼자 사용해야 한다면 곤란할 것 같소……. 아내 때문에 바보짓을 한 거요……. 어쨌든…… 말씀해주시오, 지라르도 씨, 오늘 증시에서 채권 가격이 또 내려갔소?

기타 등등.

네 명의 의사는 30분 동안 이탈리아인, 환금소, 장관들, 공화주의자들, 영국 여왕, 지뷔스 모자*, 알시드 뚜제[†]의 코에 관해 이야기한 다음 판결을 내리고 환자의 가족에게 다음과 같이 선언한다.

1. 주치의는 환자의 병세를 완전히 파악했다.
2. 리고베르 씨의 상태는 매우 위중하지만, 그의 주치의처럼 훌륭한 의사가 있으므로 절망할 정도는 아니다.
3. 그러므로 의사들은 리고베르 씨의 고통을 효과적으로 경감시켜줄 것이 분명한 60회의 거머리요법 시행에 만장일치로 찬성하였다.

진료비 80프랑. 거머리요법 처치 비용 별도.

---

* 오페라 모자라고도 하는 실크해트의 다른 이름.

† 알시드 뚜제(Alcide Tousez, 1809~1850). 프랑스의 연극 배우, 1825년 소극장에서 처음 연기를 시작한 그는 17년 동안 팔레루아얄에서 140명의 다른 캐릭터를 연기했다.

주치의의 친구인 의사 세 명은 환자에게 식이요법을 처방한 다음, 말할 것도 없이 셰베리*에서 진료비에 맞먹는 저녁 식사를 할 것이다. 환자의 건강을 위해 건배하는 일말의 예의도 없이.

진료 승인서를 손에 넣는 두 번째 방법

리고베르 일가는 의사 네 명과 60회의 거머리요법이 그다지 유익한 결과를 가져다주지 못하는 것을 보고 이 의사들이 만장일치로 합의한 결정에 대해 불평했다. 그리고 저명한 다른 의사 세 명을 선택하기로 했다.

그리하여 어느 좋은 아침, 명의 셋은 리고베르 씨의 병상에서 예고 없는 만남을 갖게 되었다. 찌푸린 세 얼굴의 의미심장한 표정을 통해, 우리는 그들이 한 번도 달갑게 맞대면한 적이 없었음을 짐작할 수 있다.

---

*   Chez Véry. 1805년에 파리 팔레 루아얄 근방에서 문을 연 레스토랑으로, 19세기 프랑스 최고의 레스토랑으로 꼽혔다.

이분들은 잠시 가련한 리고베르의 맥을 짚고 혀를 검사한 다음 옆방으로 안내된다. 그리고 몇 분이 흐른 후, 날카롭게 논쟁하는 소리가 환자의 방에까지 들린다. 그리고 몇 번인가의 성난 포효. 먹이를 던져준 일도 없고 성나게 한 일도 없는데 말이다.

환자의 가족이 와서 진찰 결과를 묻자, 첫 번째 의사는 공식적으로 선언한다. 나는 제자들이 **학문의 제왕**이라 부르는 분이시다. 리고베르 씨는 심장에 병이 있으며, 따라서 창백해질 때까지 피를 뽑지 않으면 죽은 몸이다.

두 번째 의사 역시 제자들이 **학문의 제왕**이라 여기는 분인데, 그는 고대 학파의 원리에 의거하여 분명한 목소리로 다음과 같이 고지한다. 환자의 심장은 지극히 완전한 상태이며, 심각하게 손상된 것은 간이고, 한 방울이라도 피를 뽑으면 그의 목숨은 끝장이라는 것이 명명백백하다.

제자들이 더욱 위대한 **학문의 제왕**이라 칭송하는 세 번째 의사는 혼신의 힘을 다하여 확신에 찬 견해를 표명한다. 리고베르 씨의 간과 심장은 건강

하며, 비장만이 통탄할 만한 상태다. 따라서 이 비장을 전격적으로 치료하지 않으면 리고베르 씨는 죽은 목숨이다.

진료비 200프랑! 이 학문의 제왕들이 몇 번에 걸쳐 머리 위로 집어 던진 의자들의 수리비는 별도!

제6장

수치료 의사

대증요법 의사들과 동증요법 의사들의 도래 이후 수치료水治療* 의사들이 오고 있다!

수치료의 탄생지 또한 독일. 몽상과 슈크루트† 의 고전적인 땅이다.

독일의 특산물이 인형, 제후, 유녀遊女들뿐이라 고 생각해서는 안 된다. 이 땅은 또한 엄청나게 많 은 의사를 만들어낸다. 그 수는 독일 내에서 소비되

---

* 수치료(hydropathie)는 통증 완화 및 치료를 위해 물을 사용하는 다양한 요법 의 대체의학을 통칭한다.

† 양배추를 절여 발효시킨 독일 요리를 가리켜 프랑스에서 부르는 이름으로, 독일어로는 자우어크라우트(Sauerkraut)다.

는 필요량을 넘어서므로, 파리로 판로를 뚫어 이 유형의 상품들을 수출하기까지 한다. 이게 이미 파리에는 도로 팔아야 할 만큼 충분한데 말이다.

그러나 외국에서 들어온 의학은 언제나 프랑스에서 어느 정도 유행을 일으켰고, 이상야릇한 이름에다가 더욱 괴상한 관념들을 결부시켰다. 메스머가 만약 디종이나 보지라르에서 태어나 뒤부아라 불리는 불행에 처했더라면 성공은 꿈도 꾸지 못했을 것이다. 그리고 위대한 하네만이 현명하게도 파리에서 아주 멀리 떨어진 곳에서 탄생하지 않았더라면 그의 명성은 그가 발명한 알약만큼이나 작았을 것이다.

자기 나라에서 예언자인 사람은 아무도 없다지만, 자기 나라에서 의사인 사람 역시 아무도 없다고 해도 좋다.

어느 좋은 날 어떤 독일 의사가 — 그의 이름은 잊었지만 필히 '만man'으로 끝나는 이름인데, 필자는 그를 페터만 또는 블라게만이라고 부르려고 하므로, 글쎄, 어느 좋은 날 의사 블라게만이 — 환자들을 치

료하는 방법에 대해 고심하다가 ─ 그는 아직까지는
그래 본 적이 없었다 ─ 오늘날까지 가장 맑고 투명
하게 일상적 시혜를 베풀어온 순수한 물이 모든 성분
중에서 가장 소중하다는 것을 발견했다. 그래서 그는
그것을 자기 자산으로 만들었다. 이렇게 해서 그는
물을 만병통치약으로 변화시켰고, 이제 물은 현자의
돌*, 마시는 금†, 르루아의 약‡, 장마리 파리나의 오드
콜로뉴§를 완전히 무색하게 만들어버렸다.

　　이것이 '만'자 돌림 이름을 가진 저명한 의사
의 업적에 대한 개괄적 고찰이다. 자연은 자식들
이 잘되기만을 바라는 위대한 어머니여서, 그들에

---

*　중세 연금술사들이 연구했던, 만물로 변환할 수 있는 돌.

†　16세기 프랑스 귀족 간에는 금을 음용함으로써 노화를 방지할 수 있다는
　　믿음이 유행했다. 한 예로, 앙리 2세의 애첩으로 잘 알려진 디안 드 푸아티
　　에는 디에틸에테르를 혼합한 염화금을 매일 마셨다고 전해진다.

‡　'메드신 드 르루아(la médecine de Leroy)'라 불린 약으로, 독약으로 분류되
　　었다.

§　프랑스에서 장마리 파리나(Jean-Marie Farina)라 불린 이탈리아인 향수 제조
　　자(Giovanni Maria Farina, 1685~1766)가 만든 유명한 향수로, 18세기 프랑스
　　궁정에서는 필수품으로 여겨졌다.

게 류머티즘, 부종, 고열, 복통을 가져다주었다. 그러나 자연은 또한 동시에 이 자식들에게 온갖 병을 치료하는 최고의 약을 주고자 했으니, 이 약은 일견 불쾌해 보일 수도 있지만, 병이 낫는 만족감을 맛보고 나면 반대로 즐거움의 원천이 된다. 그런데 약이란 필연적으로 악의 편이니, 그렇지 않으면 자연은 선이 아닐 것이기 때문이다. 그리고 자연은 선하다. 아득한 옛날부터 그렇다고 평판이 나 있기 때문이다.

천지창조와 동시에 설사병이 창조된 후 언제나 존재해온 최고의 약은 지극히 단순하며 누구나 살 수 있는 것으로서, 그것은 물이다!

맙소사! 그렇다, 물, 순수한 물, 맹물!

자연의 선견지명을 예찬할지어다! 당신이 어딘가 아플 때마다 위대하신 대자연은 당신에게 놀라운 본능을 통해 자기도 모르게 최고의 만병통치약이 무엇인지 알도록 해주었다. 예리한 통증을 느끼는 사람이 '오! 오!'*라고 소리치는 것은 이 때문이다.

이 감탄사는 글자로 쓸 때와 입으로 소리를 지를 때가 다르기는 하지만,[†] 그것은 자연의 실수가 아니라 철자법이 잘못된 것이다.

또한 당신은 '**오!**'라고 말할 뿐 아니라 손가락이나 손을 아픈 곳에 갖다 대면서 '**아이고**Oh là là!'라고 덧붙인다.

자연은 이를 통해 '저기 있는 물de l'eau-là 좀 갖다줘!'라고 소리치게 하는 것이다.[‡]

경이롭지 않은가! 멋지지 않은가!

글쎄, 그런데 별로 놀랍지 않은 것은, 의사 페터만 또는 블라게만이, 4, 5천 년 전부터 아무도 듣지 않는 부르짖음을 목청껏 짜내던 자연의 외침을 드디어 들었다는 사실이다.

수치료가 탄생한 이상 이제 더는 고통도 질병

---

[*]   프랑스어에서 감탄사 'oh'와 물을 뜻하는 명사 'eau'는 발음이 같다.

[†]   소리지르다(s'écrier)와 쓰이다(s'érire)의 3인칭 단수 활용형 발음이 같다는 점을 이용해 언어유희를 하고 있다.

[‡]   'de l'eau-là'와 'Oh là là'에 나타나는 발음의 유사성으로 언어유희를 하고 있다.

도 없다. 그리고 인간은 늙거나 5층에서 떨어지지 않는 한 죽지 않을 것이다.

최근에 형성된 수치료 학파는 이미 독일 전역에 적지 않은 문하생을 두고 있다. 그리고 아마도 머지않아 프랑스에서도 새로운 신봉자를 만들어낼 것이다. **포도주애호가협회**에서 뭐라 하든 간에 말이다. 통속적인 포도주 상인들은 문제가 아니다. 만약 프랑스인 사이에서 물만 마시는 일이 유행한다면,

그들은 적어도 절반은 자기들 탓이라고 후회해야 할 것이다. 그리고 그들이 저지른 죄과에 맞는 벌을 받게 될 것이다.

수치료 의사들의 처방전은 모두 다음과 같은 준성사準聖事* 어구로 끝난다. "이를 믿고 물을 마셔라."

늙은 광대들이로다!

---

* 교회에서 종교적 효과를 위하여 그리스도가 제정한 성사를 모방하여 마련한 의례 행위, 상징물, 기도문 등으로, 사제가 십자가나 묵주 따위에 기도하며 축성, 강복, 구마 등을 행한다.

그러나 환자는 너무 차갑거나 뜨거운 물을 마시지 않도록 주의해야 한다. 그가 퓌 드 그르넬* 속에서 살지 않는 한, 그것은 자연의 법칙에 위배되는 일이다. 환자는 이 만병통치약을 자연의 뱃속에서 흘러나온 그대로의 상태로 마셔야 한다. 갖가지 방식으로 물을 데워서 음용하는 경솔한 자들은 차가운 물이 가져다주는 최상의 결과를 온전히 누릴 수 없다. 또한 숟가락으로 떠 마시지 말 것이며, 잔으로 마시지 말 것이며, 항아리로 마시지 말 것이며, 물동이로 마셔야 한다.

새로 생긴 수치료 요양소들에서 의사는 매일 아침 회진을 하며 환자 수를 세고는 이렇게 말한다. "환자 수만큼 물동이가 있어야겠군."

상당히 올바른 계산법인 듯하다.

온종일 물을 87잔 마신다는 용감한 독일인들이 요즘 화제에 오르고 있다. 이 숫자는 실제이며,

---

*   퓌 드 그르넬(Puits de Grenelle)은 1833년에서 1841년 사이에 시추된 우물로, 파리 최초의 자분정自噴井이다. 이 장소는 시추자의 이름을 따 '조르주 뮐로 광장(Place Georges Mulot)'으로 명명되었다.

그들의 위장 용량에 비해서는 과하다.

이 건장한 남자들이 가루약을 발명한 나라에서 태어났다는 것을 누가 믿으려 하겠는가?

한편, 트집 잡기 좋아하는 까다로운 사람들은 수치료법을 발명한 것이 이름난 수치료사들이 아니며, 그들만큼이나 유명한 의사인 **상그라도**[+]의 방법을 표절한 것일 뿐이라고 주장할지도 모른다.

그러나 필자는 그것이 전혀 다르다는 입장을 견지할 것인즉, 수치료 의사들은 찬물만을 처방하는 반면에 의사 **상그라도**는 더운물을 마시게 했다.

[+] 의사 상그라도(Sangrado)는 에스파냐를 무대로 한 프랑스 장편소설 『질 블라스 이야기*Histoire de Gil Blas de Santillane*』(1715~1735)의 등장인물로, 그의 유일한 치료법은 사혈요법과 더운물을 마시게 하는 것이다. 프랑스, 에스파냐, 영미권에서는 여전히 돌팔이 의사의 대명사로 알려져 있는 이름이다.

제7장

최면술, 몽유병, 호구

어떤 유행들은 널리 퍼졌다가 사라지기를 거듭하며 영원히 반복된다. 이 세상의 다른 모든 것과 마찬가지로 의학에서도 그러하다.

새로운 것은 오래된 것에서 비롯된다. 산초 판자만큼이나 명성이 자자한 솔로몬*이 살았던 시대에 이미 그러한 속담이 있었을 만큼 널리 받아들여진 것을 보면 그것은 진실임이 틀림없다. "태양 아래

---

* 산초 판자와 솔로몬의 공통점은 합리적이고 지적인 판결을 내리는 왕이었다는 점이다. 산초 판자는 『돈 키호테』의 속편(Segunda parte del ingenioso caballero don Quixote de la Mancha, 1615)에서 바라타리아 섬의 삼일천하 왕 노릇을 하는데, 이때 그의 판결은 솔로몬의 지혜에 필적했다고 한다.

새로운 것은 없다.*" 일반 군주들보다 더 영적인 사람이었던 솔로몬을 떠올릴 때면 그가 말한 그 경구가 먼저 떠오르지 않는가.

단, 물론 그가 그 말을 프랑스어로 하지 않았기에, 나는 독자들의 ― 그리고 나의 ― 편의를 위해 히브리어를 보고 번역했다.

하지만 솔로몬은 내버려 두고 우리 시대의 최면술사들에게로 되돌아오자. 사실 나는 최면술이 시바 여왕의 연인†이 살았던 시대에 알려져 있었음을 고찰하고자 했다. 속담, 수수께끼, 스무고개를 만들어낸 사람들은 최면술이라는 또 다른 사회적 오락을 알고 있었을 것이 분명하니까.

최면술은 1775년경에 최고의 성공을 거두었다. 18세기 말에 메스머와 칼리오스트로‡는 크게

---

*   「구약성경」「전도서」1장 9절에 실려 있는 문구. 「전도서」는 솔로몬의 저작으로 알려져 있다.

†   솔로몬을 말한다.

‡   이탈리아 태생의 연금술사, 신비주의자, 사기꾼이었던 주제페 발사모(Giuseppe Balsamo, 1743~1795)의 다른 이름. 그는 유럽 전역을 여행하면서 늙지

주목받았지만, 사람들이 직접 의자를 감쪽같이 사라지게 할 수 있게 되자 이 사기꾼들은 잊히고 말았다.

얼마 전부터, 역시 마찬가지로 **재생**의 법칙에 의해 메스머의 과학은 의사들 사이에서 새로운 추종자들을 거느리게 되었고, 최면술사의 손놀림은 초능력 없는 무지한 대중의 눈에 효과를 나타내기 시작했다.

그러나 우리 시대의 최면술사들은 메스머의 성공을 가능하게 했던 환상적이고 몽환적인 모습을 하고 있지는 않다.

오늘날 우리의 습관은 매우 단순하기 때문에 그들은 아주 단순한 것만을 원한다. 특히 그들의 환자에게서.

지금 당신은 아마도 이렇게 말할 것이다.

"의사 선생님, 최면술로 무엇을 치료할 수 있

않는 약과 미약媚藥 따위를 팔았다. 프랑스 혁명 전 파리 상류 사회에서 큰 인기를 구가했다.

나요?"

"믿음만 있다면 모든 병을 고칠 수 있지요."

"병에 대해 믿음을 갖는다고요?"

"아니요, 최면술에 대해서요. 그건 완전히 다르죠. 그 놀라운 결과들이 몽유병을 이용해서 시행된다는 것을 모르지 않으실 겁니다. 과학은 행운과도 같아서, 우리가 잠들어 있을 때 오지요."

깨어 있을 때 당신은 무지한 사람일 뿐이어서 코감기와 폐렴도 구분하지 못한다. 그런데 잠이 들면 히포크라테스도 평생 못할 추론을 해서 뇌열腦熱*이라는 결론을 내린다. 히포크라테스에게는 다행한 일이다.

그렇지만 최면이 잘 걸리는 사람을 찾는 일은 매우 어렵다. 박사님들은 관객 중에서 많은 이들을 잠들게 하는데, 그것은 최면술이 아니므로 사실상 특별할 것이 없다.

---

* 뇌에 급성 염증이 발생하여 열이 나는 상태를 가리키던 옛 의학 용어로, 수막염, 뇌염, 성홍렬로 추정되는 증상들을 지칭했다.

그러므로 모든 최면요법 의사들에게는 전속 몽유병자가 있다. 미리 데려다 놓은 **여자** 몽유병자로, 수면 상태로 의사와 대화를 하기만 하면 되는 직업이다. 여자들은 언제나 쉽게 말하고 자면서도 말한다. 실험 대상으로 여자를 택한 것이 그 때문인지, 아니면 일 년에 250프랑으로 완벽하게 몽유병자 역할을 해주는 하녀를 쉽게 찾을 수 있기 때문인지는 모르겠다.

그러나 영리한 동물과도 같은 몽유병자들이 있다. 똑똑한 곰을 만들기 위해서는 교육을 하는 것만으로 충분하다는 것을 분명히 밝혀낸 바 있는 **라진졸**⁺의 이론에 따르면, 그들이 아주 어릴 적에 데려다가 훈련을 시키는 것이 좋다.

의료-몽유병-사기-최면술 진료는 다음과 같이 이루어진다.

의사를 보러 간 당신은 그에게 당신의 모든 신

⁺　라진졸(Lagingeole)은 스크리브의 보드빌 〈곰과 파샤L'Ours et le pacha〉
　　(초연 1820)의 등장인물이다.

뢰와 10프랑을 주기로 한다. 뭐든지 다 하는 하녀
가 문을 열어 준다. 당신은 방문의 목적을 고지한
다. 하녀는 당신을 진료실로 안내한다.

면담이 시작되고 얼마 지나지 않아 의사가 하
는 일은? 그가 종을 울리면 뭐든지 다 하는 동일 인
물이 진료실로 들어와서 희극의, 아니, 격조 있는
의학의 동일한 장면이 똑같이 연출되는 커다란 소
파에 앉는다.

의사의 손짓 열두어 번에 몽유병자는 눈을 감고 잠이 들어 콘트라베이스처럼 코를 곤다. 이 순간! 바로 지금이다.

의사　　(눈을 감은 부인에게) 이 남자분이 보이십니까?

부인　　네, 보입니다.

의사　　어떻게 보이십니까?

부인　　꽤 못생겼어요.

의사　　아니, 그걸 묻는 게 아니고……, 그의 건강
　　　　상태를 말하는 겁니다.

부인	아! ……. 병이 있어요…….
의사	어디가 아픕니까?
부인	(어물어물 중얼거리며) 어…… 어…… 어…… 어…….
의사	뭐라고요?
부인	(같은 방식으로) 어…… 어…… 어…… 어…….
의사	부인께서, 당신은 배가 아프다고 합니다.
환자	죄송하지만, 선생님……, 제가 아픈 곳은 오른쪽 어깨인 것 같은데요.
의사	그게 바로 당신이 잘못 아는 부분입니다……. 당신의 몸에서 아픈, 그것도 몹시 아픈 곳은 배입니다! …… (몽유병자에게) 환자분에게 어떤 약을 드려야 할까요?
부인	모르겠어요…….
의사	최면술이 사기가 아니라는 것이 이로써 입증되는군요……. 부인은 약학이라고는 전혀 모르니까요……. 부인이 **모르겠다는 것**은 약학에서 보통 이 약을 뭐라고 하는지 모른다는 겁니다……. 하지만 부인은 이 치료제를 그

자체로써는 완벽하게 알고 있습니다. 부인은 다른 방식으로 그것을 지시해줄 겁니다. 그 약은 어떻게 생겼습니까?

부인 갈색입니다.

의사 어디에 있습니까?

부인 약장의 두 번째 선반에 있는 작은 병에 들어 있습니다……. 그 약병이 보입니다……. 환자분은 그것을 아침저녁으로 세 숟가락씩 드시면 됩니다……. 우선…… 3년 동안요…….

의사 굉장하군요……. 확실히 환자분의 병에 딱 맞는 약입니다!

환자 그렇게 보십니까?

의사 아니, 이보세요! …… 확실합니다. 최면요법을 완전히 신뢰하지 않으시는 것 같아 걱정스럽군요……. 그렇지만 다른 방법으로는 치료가 불가능합니다……. 더군다나…… 어느날 제가 "**이제 나았습니다**"라고 하면 그것도 안 믿으시겠죠. 그것참! 당신에게는 유감스러운 일이지만, 낫지 못할 겁니다!

환자	도대체…… 도대체!
의사	그러나 최면에 의한 놀라운 현상을 의심하지 않으신다면 결정적인 실험을 보여드릴 수 있습니다……. 부인이 상복부로 글자를 읽도록 해보겠습니다……. 자, 이 신문을 위장이 있는 위치에 놓겠습니다……. 읽어보시겠습니까?
부인	『콩스티튜시오넬』.
의사	자, 보셨습니까? 놀랍습니다……. 시각의 위

치가 옮겨졌습니다……. 부인은 위장으로 글자를 읽었습니다……. 이 경이를 완벽하게 만들기 위해…… 조금 전에 저는 신문을 거꾸로 놓았습니다…….

부인 목이 말라요…….

의사 (설탕물 한 잔을 타며) 부인의 목을 축여드리겠습니다. (그는 설탕물을 마신다.) 우리는 둘 사이에 만들어진 자기력磁氣力에 의해…… 서로 동화되었기 때문에…… 제가 물을 마시면 부인의 갈증은 완전히 사라집니다.

부인 뭔가 더 마시고 싶어요.

의사 부인, 안 됩니다……. 우선은 이것으로 충분합니다……. 더 마시면 아플 겁니다.

환자 놀랍군요.

의사 자, 다시 진료를 원하시면 언제든지 오십시오……. 파리에 계시지 않으면 간단하게 머리칼 한 타래만 보내주십시오……. 당신과 몽유병자가 통하도록 하기 위해서는 그것으로 충분합니다.

환자   저는 가발을 쓰는데요…….

의사   그 경우에는, 가발을 약간 잘라 보내주십시
오……. 똑같은 효과가 있을 것입니다.

환자   안녕히 계십시오.

의사   안녕히 가십시오.

제8장

의학과 박애주의

전적으로 근대 발명품인 박애주의는 곧바로 많은 제도와 사물에 응용되었는데, 그중에는 일견 박애라는 덕목과 전혀 일치되지 않는 것처럼 보이는 것도 있었다.

그러한 것들로 우리는 강연, 시, 소설, 은행, 교도소 등을 들 수 있다. 의학은 필연적으로 이 보편적 유행을 따라가지 않을 수 없었고 다른 모든 것보다 더 박애주의적으로 행동하지 않을 수 없었다. 2, 3백 년 안에 사람들이 이 아름다운 것들을 그 이름으로만 알게 될 때, 우리 세기는 상상할 수 있는 가장 사회적인 모든 덕목을 실천하고자 노력한 시대로 보이게 될 것이다. 그러나 우리 시대의 도의와 도덕에 여전히 부족한 것들이 있음을 인정하지 않을 수 없다.

박애주의자인 척하는 저속한 자들과 달리, 의사는 고통받는 인류를 위해 헌신하는 데 만족하지 않는다. 의학계의 새로운 돈키호테인 박애주의 의사는 넓은 오지랖으로 어디서든 닥치는 대로 끼어

들 뿐 아니라, 조금이라도 진료비를 받게 되면 얼굴을 붉힐 것이다. 독자들은 어떤 에스파냐 의사가 환자의 사지를 다시 끼워 넣거나 머리를 다시 붙여넣는 것을 직접 보거나 시르크 올랭픽*에서 공연하는 〈마술 피리Le mirliton enchanté〉†에서 보았을 것이다.

그리고 나서, 치료비가 얼마냐고 물으면 매번 이렇게 대답한다.

"됐어요, 됐어! 보상은 다른 것으로 올 겁니다!"

프랑스의 박애주의 의사는 이 에스파냐 의사를 능가한다. 그는 당신의 팔이나 머리를 붙여놓고서, 수술비로 얼마를 받느냐고 물으면 즉시 이렇게 대답할 것이니까.

"완전히 무료입니다!"

다시 말해 어떤 경우에는 이 모욕적인 질문에

---

* 시르크 프랑코니(Cirque Franconi)라고도 불린 시르크 올랭픽(Cirque-Olympique)은 1782년에 파리에 세워진 극장이다.

† 아니세부르주아(Anicet-Bourgeois)와 랄루(Laloue)의 음악극으로, 1840년 시르크 올랭픽에서 초연했다.

대해 화를 낸다는 얘기다. 그리고 대충 수리해놓은 팔을 별것 아닌 일로 다시 부러뜨려놓을지도 모르니, 이 모든 것은 박애주의에 따른 것이다.

그것참! 현대 박애주의의 기발한 체계 덕분에, 광고비로 15,000프랑을 지출하면서 무료로 처방전을 써주는, 그러면서도 연말 정산에서 12,000프랑의 수입을 올리는 의사들을 심심치 않게 볼 수 있다. 이것이 바로 의료 박애주의라는 수수께끼 같은 단어이다.

박애주의 의사의 무료 처방전 앞머리에는 다음과 같은 중요한 소견이 적혀 있다.

"이 약은 약사 플뢰랑에게서 살 것."

그리고 의사는, 파리에서 이 약을 조제법에 따라 제대로 지을 줄 아는 약사는 단 한 명뿐이라며 열심히 환자를 설득한다.

만일 환자가 이 중요한 소견을 어기고 지정된 약사에게 가지 않았다면, 다음 진료에서 의사와 환자 간에는 이러한 대화가 오가게 된다.

"저런, 혈색이 아주 안 좋으십니다! 처방을 따

르지 않으셨습니까?"

"죄송하지만…… 효과가 좋았던 것 같은데요."

"아니, 맥박이 좋지 않군요……. 분명히 뭔가가 있었을 겁니다……. 약이 제대로 조제되지 않았다든지……, 제가 권고한 것처럼, 여기서 아주 가까운 플뢰랑씨의 약국에서 사지 않으셨다든지?"

"맞습니다……. 제 생각에는……"

"딱한 양반! …… 무분별하게도 큰 실수를 하셨습니다……. 사실, 원한다면 죽을 자유야 있지만, 그러시려거든 저에게서 치료를 받지 마십시오……. 저에게 명성은 중요하니까요……. 최고로 세심하게 다뤄야 하는 이 약의 제조를 위해 제가 신뢰하는 유일한 약사가 플뢰랑씨라고 저는 분명히 말씀드렸습니다……. 너무 많이 넣으면 아주 위험할 수도 있는 물질이 들어 있단 말입니다……. 이제 안색이 왜 그리 나쁜지 완전히 이해되는군요."

"그러니까 저의…… 안색이 그렇게……, 그렇게…… 나쁘군요……." (겁에 질린 가련한 자는 말을 더듬는다.)

"아주 나쁩니다……. 저의 처방을 정확하게 따르셨더라면! …… 제발 이런 무분별한 짓을 더는 하지 마십시오."

약국에서 일어나는 일은 굳이 묘사하지 않아도 될 듯하다. 그 대신에 플뢰랑씨의 회사에서 판매된 박애주의 약들의 가격을 일괄해보겠다.

처방에 따른 알약 15정	15프랑
처방에 따른 연고	10프랑
처방에 따른 발한제 시럽 1/2병	10프랑
계	35프랑

박애주의 의사는 80프랑짜리 무료 진료를 해주면서 약사에게 15프랑을 남겨준 것이다.

진료비를 받았더라면 그는 고작해야 100수*밖

---

* 수(sou)는 과거 프랑스에서 사용되던 화폐 단위 중 하나이다. 1795년 십진법 개혁까지 1리브르(livre)는 20드니에(denier)와 240수와 같은 가치를 지니고 있었다. 그 후 1프랑은 100상팀(centime)의 가치를 지니게 됐고 19세기에는 종종 1프랑을 '수'라고 부르기도 했다.

에 벌지 못했을 것이다. 그러므로 이제 독자들은 박애주의의 순이익이 15프랑임을 알았을 것이다. 거기에다가, 다른 박애주의자들의 존경과 사랑, 그리고 약사와의 우정은 덤이다. 그리고 한 주를 마감하며 두 친구는 잔액을 계산할 것이다!

제9장

치마 입은 의사
— 또 다른 박애주의 의사

보통 나이 든 여자들, 특히 나이 먹은 가정부들은
의학에 대해 진정한 열정을 갖고 있다. 단언하건대
이는 불길한 열정인 바, 흔해 빠진 면허 의사들이
일으키는 재앙을 더욱 부채질하는 요소이다.

특히 가정부들은 이 점에서 막무가내로 고집
스러워서, 의사들이란 바보들일 뿐이고 병을 고치
는 유일한 수단은 누가 뭐래도 **할머니의 약***밖에 없
다고 여긴다. 더군다나 나이 먹은 가정부들은 할

---

*   할머니의 약(remède de bonne femme)은 민간전승의 약 또는 민간요법을 가
리키는 표현이기도 하다.

머니라 부르기에는 좀 위험해 보이지만,* 뭐, 어쨌거나!

그들은 오래된 여가인 집안일에 만족하지 않고, 다시 말해 양배추 수프를 끓이거나 뒷담화를 하는 데 만족하지 않고, 의술을 행하고 싶어 한다.

치마 입은 히포크라테스에 의해 처방된 치료제의 백과사전은 매우 정교해서, 최소한 2절판 책 25권에 달할 것이다. 모든 나라, 모든 지방, 모든 도시, 모든 구역에서 나이 든 여자들은 하나의 병에 대해 천차만별의 관점과 치료법을 가지고 있으니까.

그러나 세상의 모든 가정부가 전적으로 동의하는 몇 가지 요점이 있다. 우선 그녀들은 만장일치로, 의사가 환자에게 처방하는 식이요법은 극악한 만행이라고 생각한다. 그런 식으로는 환자 대부분이 굶어 죽을 것이라는 생각을 결코 그녀들의 머릿

---

* 할머니로 번역한 'bonne femme'을 글자 그대로 직역하면 '착한 여자'라는 뜻이며, '무던하고 단순한 여자'의 의미로 쓰이기도 했다.

속에서 지울 수 없을 것이다.

따라서, 자신이 일하는 집의 가족을 사랑하는 모든 가정부는 그 집에 환자가 생겼을 때 반드시 가장 영양 많은 처방을 아낌없이 가지고 온다. 그리고 위장을 허하게 할 뿐인 송아지 부용† 대신에, 마늘 양념 세르벨라 소시지‡와 흰 콩깍지를 넣은 푸짐한 라드 수프 한 접시를 들게 하여 식욕을 돋워준다.

---

† 　부용(bouillon)은 주로 고기나 뼈를 고아 만든 맑은 수프이다.

‡ 　세르벨라(cervelas) 소시지는 스위스, 프랑스, 독일에서 생산되는 소시지로,
　 소고기와 돼지고기에 겨자, 마늘, 기타 향신료와 향채를 넣어 만든다.

마늘 양념 세르벨라의 양은 매일 오텔디외* 및 파리 다른 병원들의 환자들에게 가족들이 가져오는 부용 그릇 바닥에서 건져 올리는 것에 비교하면 상상을 초월할 정도다!

환자들과 회복기 환자들의 위장을 위해서는 장봉† 또한 훌륭한 것으로 간주된다. 그래서 병원의 수위들은 세금 납부소 직원들에 필적할 정도이며, 장봉, 송아지 파테‡, 양고기구이를 숨겨 가지고 들어오는 모든 방법을 훤히 꿰뚫고 있다.

할머니 의학의 또 다른 일반적인 원리는, 물에 빠진 사람이 죽는 것은 물을 많이 먹어서라는 것이

---

*   오텔디외(Hôtel-Dieu)는 고아, 극빈자, 순례자들을 위해 프랑스의 여러 도시에 세워져 교회에서 운영하던 기관으로, 최초의 오텔디외는 650년에 파리 시테섬에 세워졌으며, 프랑스 혁명 직전에는 이곳에서 하루 2천 명의 환자를 수용했다.

†   장봉(jambon)은 동물의 엉덩이 또는 어깨 부위를 통째로 사용하여 만드는 프랑스의 가공육이다. 가장 자주 이용되는 것은 돼지이지만, 드물게 멧돼지, 칠면조, 곰, 순록도 사용한다. 염장, 건조, 훈연의 방법으로 익히지 않고 가공하는 방법과 로스팅, 찜, 삶기의 방식으로 익혀서 만드는 방법이 있다.

‡   파테(pâté)는 고기, 간, 생선살 등을 갈아서 밀가루 반죽을 입혀 오븐에 구워낸 프랑스 요리이다.

다. 그러므로 강바닥에서 반쯤 죽은 불쌍한 사람을 건져 올렸는데 주변에 할머니가 있다면 그의 운명은 끝장이다. 마신 물을 전부 토해낼 때까지 거꾸로 매달아둘 테니까.

그가 죽으면, 할머니는 주변 사람들에게 설명한다. 더 빨리 매달지 않았기 때문에 죽은 것이라고.

아이들이 길바닥에 곤두박질쳐서 혹이 생기면, 잘 알려진 대로 모든 할머니 의사들이 승인하는 치료법은 5프랑짜리 동전을 그 혹 위에 올려놓고 주먹으로 여러 번 쥐어박는 것이다.

환자는 비명을 지르지만, 그러고 나면 아주 좋아진다는 것이 할머니들의 주장이다.

설사병은 그저 평범한 병이었지만, 그 비통함은 보닛을 쓴 이 다모증의 명의들이 가진 창의력을 일깨우기에 충분했다. 설사병을 위한 레시피의 수는 엄청나다. 뜨거운 약초 오믈렛을 배에 붙일 것인가, 아니면 노간주나무 열매, 마늘 두 쪽, 흑설탕 3온

스, 에스파냐 담뱃잎 한 자밤을 우려낸 포도주 한 병을 즉각 음용할 것인가. 그 사이에서 선택의 문제일 뿐이라는 것을 언급해두는 것으로 충분할 것이다.

그 약이 최고인 점이 바로 거기에 있다. 같은 사람이 연속해서 두 번 먹는 일은 드물다는 것.

거머리는 할머니들이 끔찍이 싫어하는 동물이다. 이 조그마한 동물이 우리의 순수한 피를 빠는 것이 아니며, 나쁜 것을 남기지 않는다는 것을 결코 할머니들에게 납득시킬 수 없을 것이다.

치통은 **구더기**라 부르는 작은 흰 벌레가 있을 때 생겨난다. 도움을 요청받은 할머니는 이 **구더기**에 관해 설명해준 다음 즉시 뜨개바늘로 그것을 잡기 시작해서, 쑤시고 휘저은 끝에 결국 …… 잇몸을 뚝 떼어 보여준다.

이 구더기라는 불한당은 언제나 잇몸 깊숙이 숨어 있다.

부디 신께서 당신을 영원히 할머니들로부터 구원해주시기를!

착한 여자들이 이러하니 못된 여자들은 오죽하겠는가?*

---

*   원문은 "Jugez d'après cela de ce que doivent être les *mauvaises!*". '할머니'로 옮긴 'bonne femme'의 글자 그대로의 의미(착한 여자)를 이용해 언어유희를 하고 있다.

제10장

온천요법 의사

온천요법 의사는 앞서 논한 수치료 의사의 변종 중 하나이다. 한 가지 다른 점이라면 그는 일반적인 물을 권장하는 게 아니라 자기네 물의 특장점들만을 자랑한다는 것이다. 각자가 자신의 수호성인에게 기도할 따름이니, 그 덕에 매년 평균 5, 6천 프랑의 비정기 수입을 올린다면 더 말할 것도 없다.

독자들은 이 온천 요양소에 광천뿐 아니라 한두 명의 의사가 있다는 것을 모르지 않을 것이다. 프랑스 각지로부터 실제 병이든 상상 속 병이든 병 치료를 위해 몰려드는 환자들을 진료하기 위해 정부에서 고용한 의사들이다.

환자들이 아침부터 저녁까지 병풍 뒤에 숨어서 진료실에서 이루어지는 대화를 엿듣는다면, 그들의 심기증心氣症*은 완전히 나을 것이다.

여기 환자 한 명이 와서 신장, 간장, 비장이 아프다고 불평한다! 의사는 눈을 들어 천장을 바라보고 잠시 심오하게 고민한 다음 처방전을 쓰고, 드디어 엄숙한 준성사의 어조로 입을 연다.

"아침저녁으로 물을 석 잔씩 마시고, 매일 1시간 동안 목욕을 하고, 이렇게 한 계절 내내 계속하십시오."

또 다른 환자가 온다. 그는 신장, 간장, 비장에는 아무런 문제가 없지만, 위장 때문에 신음한다!

의사는 눈을 들어 천장을 바라보고, 이 새로운 유형의 병을 효과적으로 고칠 방법을 잠시 심오하게 고민한 후, 온천요법 의사 특유의 침착한 태도로 온천 요양소 고유의 형식을 갖춘 처방을 내린다.

---

* 　심기증(hypocondrie, hypocondriaque)은 자신의 건강에 대해 지나치게 걱정하여 별 이상이 없는데도 병이 있다고 생각하는 심리적 불안 상태를 가리키는 말로, 현대어로는 '건강염려증'이다.

"이 계절이 끝날 때까지 매일 1시간 동안 목욕을 하고, 아침저녁으로 물을 석 잔씩 드십시오."

세 번째 고객이 들어온다. 그는 모두가 알다시피 위장에 무리를 주는 짐나즈[†]의 보드빌과 갈레트[‡]들을 일상적으로 소화했을 듯하지만, 비명이 나올 만큼 극심한 류머티즘을 앓고 있다.

의사는 동포가 이처럼 고통받는 것을 원치 않으므로, 즉시 그의 최상의 기술인 심오한 명상에 들어간다. 그리하여 좋고 나쁨을 최대한으로 헤아린 후 칼카스[§]의 신탁만큼 확실한 견해를 표명하기로 한다.

[†] 19세기 초부터 리옹, 파리 등의 대도시에 '테아트르 뒤 짐나즈(Théâtre du Gymnase)'라 불리는 여러 극장이 있었다. 'gymnase'는 김나시움, 즉 체육관을 뜻하는 고대 그리스어에서 유래한 단어로, 체육관은 광장이기도 했기 때문에 극장 또는 강당을 가리키는 용법으로 쓰였다.

[‡] 프랑스 요리에서 갈레트(galette)는 껍질이 있는 케이크를 가리키기도 하고, 둥글고 납작한 형태로 구워낸 과자를 지칭하기도 한다. 옛날에는 매춘부가 받는 화대를 가리키는 은어로도 통했다.

[§] 그리스 신화에 등장하는 예언자 테스토르의 아들로, 아폴론이 부여한 예언의 능력을 지니고 있었다.

"이 계절 내내 아침저녁마다 물을 석 잔씩 드시고, 매일 1시간 동안 목욕을 하십시오."

어찌 선량한 주르댕씨*처럼 외치지 않을 수 있겠는가? "의학에는 허황된 것뿐이로다!"

---

*   주르댕씨(Monsieur Jourdain)는 몰리에르가 대본을 작성한 코메디 발레 『서민귀족Le Bourgeois gentilhomme』(1670년 초연)의 등장인물이다.

사실 온천요법 의사의 직무는 여기서 끝나지 않는다. 그는 매일 아침 일찍 일어나 샘으로 간다. 물 석 잔을 마시기 위해서가 아니라 — 저런, 그는 그럴 만큼…… 병들지는 않았다! — 환자들이 물 마시는 것을 보기 위해서다.

사실 사람들이 생각하는 물 마시는 방법이 갖가지인 것 같다. 그러나 똑똑지 못한 이들에게 '물을 석 잔 마시십시오'라고 했으면 무슨 뜻인지 알기에 충분했을 것 같다. 아주 부득이한 경우에, 〈미약〉에 등장하는 돌팔이 퐁타나로즈처럼, **"직접 마십시오!"**라고 덧붙일 수는 있겠지만.

그렇지만 그 샘 장면의 배경이 독일의 어느 도시라면, 의사의 등장은 납득할 만하다. 거기서 프랑스 말은 프랑스에서와는 좀 다르니까.

그가 프랑스어라 믿는 언어로 당신에게 **"매일 아침 샘에 가서 물을 넉 잔 드십시오."**[†]라고 말한다면,

---

[†] 이 문장에서 저자는 독일어 발음을 연상시키는 철자로 희화적인 언어유희를 하고 있다.

당신은 물을 넉 잔 들이켬으로써 물에 관한 의학계의 권고를 완전히 이행한 것으로 믿을 것이다.

웬걸! 전혀 그렇지 않다. 당신은 필요량의 절반을 마셨을 뿐이다. 반병은 들어가는 이 엄청나게 큰 보헤미아 잔들은—당신은 이것도 겨우 마셨지만—독일에서는 잔으로 치지도 않는다. 겨우 반 잔일 뿐이다.

진짜 잔은 한 병에 맞먹는 용량을 가진 **비더코메**[*]이다. 애초에 고작해야 1ℓ가 들어가도록 만들어진 위장에다가 그와 같은 잔으로 넉 잔을 털어 넣는 것이다.

온천요법 의사는 4, 5개월 동안 위에서 상술한 바와 같은 임무에 열중한다. 그러나 한 해의 나머지 기간에는 전혀 달라서, 아무것도 하지 않는다.

---

[*]   비더코메(widercome)는 '또 오세요'라는 의미의 플람스어로, 유럽의 일부 지역에서 쓰이던 커다란 잔의 이름이다. 알렉상드르 뒤마의 『여행의 인상 *Impressions de voyage*』(1806)에는 앙리 4세의 사절로 베른에 간 바쏭피에르(Bassompierre)의 이야기에 비더코메가 등장하는데, 한 병 용량의 잔으로 묘사되어 있다. 한편 투르미니(Tourmignies) 지역에서 발견된 옛 유물 비더코메의 용량은 0.78리터다.

그들은 과로사하는 일이 지극히 드물기 때문에 대체로 상당한 고령에 이르기까지 장수한다. 병이 났을 때 자기 자신을 치료하는 커다란 과실을 범하지 않는 한.

제11장
부인들의 의사

자존심 때문에 그리고 자금이 부족해서, 어떤 의사들은 명성을 얻기 위한 방법으로 신문을 통한 사기 행위를 택하지 않는다. 그러나 그들은 그에 못지않은 확실한 수단이 있었으니, 주소지와 예의범절과 노란색 장갑—결국 검은색이 되었다가 반드시 본래의 색으로 되돌아오는—만 있으면 충분하다.

의술을 말하는 게 아니다. 그거야 모든 의사가 잔뜩 가지고 있다.

만일 내가 지금의 내가 아니었다면, 다시 말해 아무것도 아닌 자—사회적으로 가장 맘 편한 지위—가 아니었다면 **부인들의 의사**였으면 좋았을 것이다.

부인들의 의사는 오늘날 고해신부를 대신했다. 그는 고객의 정신과 육체의 최고 지도자이므로, 심지어 고해신부 이상이다. 한 여성은 남편이나 진정한 친구 ─ 만약 진정한 친구가 존재한다면 ─ 에게는 비밀이 있지만, 의사에게는 비밀이 없다. 별것 아닌 **비염** ─ 통속적으로는 두뇌의 감기라는 이름으로 알려진 ─ 을 치료할 때조차도, 의사는 어여쁜 환자의 **마음***에 문제가 생기지 않았는지 묻는다.

그런데 의사는 마음에 문제가 생길 수 있는 여자 ─ 특히 젊은 여자 ─ 가 아니다.

어떤 여자는 녹색 캐시미어를 원하고 어떤 여자는 다이아몬드 귀걸이를 원한다. 이 여자는 마차를 원하고 저 여자는 시골 별장을 원한다. 이 모든 돈 드는 취향이 남편에 의해 충족되도록 하는 최고의 수단은, 반드시 의사를 봐야만 하는 제대로 된 신경성 질환이다. 이 분야의 전문의가 바로 부인들

---

*   원문의 단어는 'le moral'로, 옛 용법으로 정신, 마음, 성격 등을 뜻한다.

의 의사다.

남편이 미개인이 아니라면 물약으로 처방된 녹색 캐시미어를 ― 또는 의학계에서 권고하는 작은 시골집을 ― 구매해야만 한다.

의사의 권고가 효력을 발휘하면 어여쁜 환자는 의사에게 말한다.

"의사 선생님은 매력적인 분이에요!"

이것이 그녀가 남편에게 감사하는 방식이다.

처세를 위해 피아노를 치고 사교계의 역할극을 연기하고 또는 아코디언을 연주하는 여자들이 있다. 문인을 자처하는 여자들은 야회를 열어 펀치 알라로멘*을 미끼로 손님들이 **몽상**으로 가득한 **엘레지**들을 억지로 삼키게 한다! 우리가 예의 바르게도 예능이라 부르는 이러한 모든 재능을 갖추지 못한 여자들은, 그래도 어떻게든 사교의 기쁨을 포기하지 않기 위해 **병든 여자**로 처세한다.

---

* 펀치알라로멘(punch à la romaine)은 럼주, 오렌지 주스, 레몬 주스, 설탕, 샴페인, 백포도주 등을 혼합하여 만드는 칵테일이다.

그러므로 그녀들에게는 언제나 이야깃거리가 떨어지지 않으니, 그것은 아침부터 저녁까지 할 일 없는 여자들에게 가장 소중한 것이다. 물론, 우아하지 않은 구석이라고는 하나도 없는 그 병은 구구절절 그녀가 스스로 만들어낸 것이고, 이때 **신경성**이란 가장 나은 선택지다.

어여쁜 고객이 병이 있기를 원할 때 그녀가 건강하다는 것을 증명하고자 하는 의사는 그다지 영리하지 못한 사람일 것이다. 그러므로 의사는 언제나 이 끔찍한 병을 퇴치하기 위해 처방해야 하는 몇 가지 약을 알고 있다. 가장 흔한 처방전은 정제수 한 잔에다가 약국이나 식료품점에서 파는 **설탕**이라 불리는 백색 물질 몇 **센티그램**을 조심스럽게 녹여서, 이 물약에다가 거의 향이 나지 않을 정도로 적은 양의 오렌지 꽃물 몇 방울을 떨어뜨리는 것이다.

자, 이제 그녀는 살았다! 적어도 며칠 동안은.

부인들의 의사는 거의 언제나 극장에 연계되어 있어서, 세련된 프랑스 남자의 역할을 무대 뒤에서 연기하며 인기 여배우들의 온갖 투정을 들어준다. 시골에 놀러 가거나 샹티이의 경마를 보러 가려면 진단서가 필요하니까.

　이 의사들의 또 다른 전문분야는 유모를 고용할 때 상당한 힘을 행사하는 것이다. 사람들은 후덕한 알자스 댁과 육감적인 노르망디 댁 사이에서 고민할 때마다 이 미식가-판사들의 조언을 주의 깊게 경청한다. 이 임무가 유아적이라고 하면 믿을지 모르겠지만, 최고로 인기 있는 의사들의 모든 성공과 인기의 비결은 그들이 젖을 맛볼 줄 아는 재능을 가졌기 때문이다.

그들은 단 한 방울만으로 최고를 식별한다!

그들은 유모협회의 **브리야 사바랭**[*]들이다!

FRED'HOMME

---

*   브리야 사바랭(Jean Anthelme Brillat-Savarin, 1755~1826)은 『미각의 생리학 *Physiologie du goût*』(1825)의 저자로, 프랑스의 법관이자 미식가였다.

제12장

군의관과 시골 의사

군대에서 **마조르**major의 자격은 완전히 다른 여러 배역에게 부여된다. 군의관, 고적대장, 특무상사, 그리고 진짜 우두머리인 참모장은 모두 구별 없이 **마조르**라 불린다.

필자는 여기서 군대 언어를 검열하는 마조르에 대해서만 다루려고 한다.

매년 군 병원에는 견습 군의관이라는, 보수도 적은 대단찮은 등급을 따기 위해 수많은 젊은이가 몰려온다. 이 사실 하나만으로도 오늘날 젊은이들에게 주어진 진로가 얼마나 제한적인지가 충분히 증명된다.

군의관은 군에 관련된 직업이 갖는 모든 귀찮은 일과 위험을 공유하지만, 그에 대한 보상은 전혀 받지 못한다.

그런데도 정부는 연 1,500프랑을 받고 군대에서 일하는 하급 군의관이 고작 **뒤퓌트랑***밖에 없다고 때때로 불평한다. 장난하자는 건가!

---

* 뒤퓌트랑(Guillaume Dupuytren, 1777~1835)은 프랑스의 해부학자이자 군의관으로, 수술 분야에서 명성을 날린 외과의사이다.

반면, 파리 의과대학의 인가를 받은 가장 비열한 사기꾼은 거리마다 황색과 녹색 전단을 붙이며 15,000에서 20,000프랑의 수입을 올린다. 단돈 6프랑으로는 병이 나을 수 없다고 믿는 우매한 대중의 믿음에 편승하여!

이에 대해 당신들은 내게 이 사람들은 사기꾼이며, 그다지 명예롭지 못한 이 직업을 모든 사람이

원하는 것은 아니라고 말할 것이다. 그러나 이에 대해서도 역시 나는 당신들에게 대답할 것이다. 1년에 1,500프랑은 사기꾼이 아니고자 하는 재능있는 이들에게 너무 보잘것없는 보상이라고.

소위가 하급 군의관보다 더 벌지 못하는 것은 사실이다. 그러나 연대장, 장성, 더 나아가 프랑스 총사령관이 되기를 희망하는 소위는 20년, 25년 복무 후에는 100루이도르*의 봉급을 받을 수 있다. 하급 군의관은 끝까지 올라가봐야 고작 별것 아닌 군의관 등급일 뿐이다.

군부대에서 근무하는 **군의관**은 평화시에 별다른 할 일이 없다. 병영을 돌다가, **단것**을 허가해줄 만큼 충분히 병든 병사들을 병원으로 보내는 것밖에는.

이 표현에 대해 너무 비웃지 마시라. 글자 그

---

* 금화인 루이도르(louis d'or)는 1795년 혁명 의회가 통일 화폐 단위를 프랑(franc)으로 규정하기 이전에 에퀴, 리브르 등과 함께 통용된 화폐 단위의 하나이다. 이들 단위의 가치는 변동적이었는데, 18세기에 1루이도르는 20리브르 혹은 약 1파운드와 동일한 가치였다.

대로니까. 모든 노역의 의무를 잘도 빠져나가는 상당한 수의 게으름뱅이들은 병원을 **단것**으로 여긴다. 샤를레†가 말한 그대로이다. 당연하게도 이 활기찬 상남자들이 미식가라면, 그리고 콩을 곁들인 감자와 감자를 곁들인 콩에 물린 상태라면, 그들은 진짜 파리 애들처럼 좋아하는 말린 자두를 얼마 동안 맛보기 위해 환자 행세를 한다.

병원에서 근무하는 **군의관**의 일은 매우 힘들다. 그렇다고 보수가 더 많은 것도 아니다.

특히 전투가 있었다면 가련한 응급실 군의관은 갖가지 요구에 둘러싸여 누구의 말을 들어야 할지 모른다.

"군의관님, 제발 제 다리를 잘라 주세요!" "제발 제 팔을!" 등등. 게다가 대부분의 경우 절단 수술이 끝나면 환자는 **고맙다**는 말조차 하지 않는다.

대체로 환자로서는 그럴 만도 하다.

---

† 샤를레(Nicolas Toussaint Charlet, 1792~1845)는 프랑스의 화가이자 판화제작자였는데, 주로 군대와 관련된 주제로 작업했다.

군의관들의 만만찮은 경쟁자들은 늙은 병장들인데, 풋내기들에게 그들의 충고는 신탁과도 같다. 이 신탁의 유일한 논리는, 인간은 태생적으로 나약하므로 항시적으로 강화될 필요가 있다는 것이다. 그러므로 그들의 처방은 모든 병에 대해 동일하다. "큰 잔으로 화주火酒 한 잔에 가루약 한 봉을 털어 넣고 손가락으로 잘 저어서 모두 마실 것. 한 방울도 남겨서는 안 됨."

이것이 바로 모든 병에 듣는 최고의 진통제이다. 사실 이 약이면 다 없앨 수 있다. 환자까지도.

그뿐만 아니라, 계급장을 단 이 의사들은 반드시 이 조제법의 탁월성을 증명하려 든다. 한두 명의 척탄병이 이 약을 마신 뒤 그 어떤 작은 병에도 걸리지 않았다는 것이다.

아무렴, 나는 그들을 믿어 마지않는다. 그와 같은 레드풀*을 마신 후 영원히 눈을 감지 않는다면, 인류 전체를 매장하겠다는 포부를 가져도 좋을 것이다.

가끔 군의관은 주둔지의 정주 생활을 떠나, 아직 임명받지 못한 영웅들을 충당하기 위하여 관할지를 순방한다. 이 영웅들은 다리를 절거나 등이 굽었거나 사시인 불구자들로서, 군의관은 징병심의회의 규정에 따라 해당연도 징병적령자들의 모든 신체 불구를 검사한다.

---

* 레드풀(lait de poule)은 '에그노그(eggnog)'의 프랑스어 단어로, 우유, 크림, 설탕, 달걀 노른자에 계피, 육두구로 향을 내고 브랜디, 위스키, 럼과 같은 술을 첨가하여 만드는 지독한 술의 대명사이다.

모든 로망들*에서 말하는 것처럼 프랑스인의 정신이 월등히 용맹스럽다고 할지라도, 7년간 명예로운 붉은 바지를 착용하기 위해 호출되는 300명의 징집대상자 중에서 본인이 군 복무 부적격자라고 자처하는 개인은 대체로 300명에 달한다.

다행히도 군의관이 거기 있어서 젊은 프랑스인들의 건강 상태에 대해 안심시켜주며, 또한 의사가 거기 있어서 30분 만에 온갖 병을 완전히 고쳐주니, 그는 의사들의 모범이 아닐 수 없다.

그는 근시인 사람에게 순식간에 시력을 되돌려주고, 구부러진 어깨를 펴주고, 절뚝거린다는 다리를 펴주고, 흉측한 곱사등을 100수도 받지 않고 가정부 요법으로 곧바르게 세워준다.

당신이 실은 아도니스라는 것을 군의관에게 들키지 않으려면 당신은 진짜로 마이외†여야 한다.

---

* 중세 시대에 성행한 문학 장르로, 좁은 의미로는 기사의 모험과 사랑을 그리는 이야기, 넓은 의미에서는 이러한 특징을 담은 전기적, 모험적, 공상적인 통속 소설을 말한다.

† 마이외(Mayeux)는 1830년대 파리에서 유명세를 탄 익살스러운 상상의 인

　군의관은 30년간 복무한 후 정부에 의해 은퇴를 요청받는다. 그리고 정부는 그의 즐거움 가득한 노년을 위해 8, 9백 프랑의 연금을 지급한다.

　가련한 군의관이 굶어 죽기를 ─ 수치스러운 죽음을 ─ 원하지 않는다면, 감자 농사와 함께 부업으로 의료업을 계속하기 위해 시골로 가야 한다.

　더 잘 버는 사람이 있기 마련이다. 물론 감자

물이다. 최초의 등장은 1831년에 풍자화가 트라비에(Traviès)에 의해서인데, 당시 부르주아지가 지닌 통속성과 표리부동함을 보여주는 곱사등이 인물로 그려졌다.

에 관해 말하는 거다. 사실 시골 사람들을 치료하는 의사는 비염과 폐병으로밖에는 돈을 벌 수가 없다.

대체로 농부들은 환자가 극단적인 상태가 되기 전에는 의사를 부르러 가지 않는다. 그들이 조부모를 사랑한다면 돈은 더더욱 사랑하기 때문이다. 때때로 의사는 빗속을 뚫고 헐떡거리는 말을 타고서 밭을 가로질러 3, 4리외*를 달려가지만, 도착

---

*   리외(lieue)는 유럽과 아메리카에서 사용된 길이의 옛 단위로, 시대와 지역에 따라 변동이 심하다. 프랑스의 1리외는 약 4km에 해당한다.

해서 하는 일이란 고작 환자의 눈을 감겨주는 것뿐
이다.

그런데 대체로 시골에서는 환자가 죽었을 경
우 절대로 의사에게 돈을 지불하지 않는다.

그러므로 불쌍한 의사는 아무것도 요구하지
못하고 그저 자기 우산을 챙겨 자기 말을 타고 자기
길을 가는 수밖에!

설상가상으로, 늙은 군의관, 그러니까 시골 의
사는 어리석은 마을 사람들 사이에서 평화롭게 살
아가는 일말의 위안거리조차 누리지 못한다. 대대

로 온갖 병을 진단하고 치료하는 의술에 능통한 마을의 **양치기**에게서 미움을 받기 때문이다. 피카르디, 피레네, 브르타뉴에서 벌어지는 광경을 보자. 두 가지 능력을 갖춘 **양치기-의사**는 **마술**을 사용하여 환자의 손바닥을 들여다보고서, 마을의 의사가 그에게 **주술**을 걸었기 때문에 그 의사에게 **몽둥이찜질**을 해야만 나을 수 있다고 말한다.

제13장

떠돌이 치료사[*]

"모든 것을 다 해주는 하녀를 찾습니다"에서부터 "강아지를 찾아주시면 **정직한 보상**을 약속드립니다"까지, 온갖 **광고**에서 다음과 같은 문구를 읽는 것은 드문 일이 아니다.

"여행할 의사 구함. 조건 문의는 그랑드트뤼앙드리가로."

세상일에 무지한 순진한 독자들은 이와 같은 광고를 읽고서 분명 이렇게 생각할 것이다. 이 사

---

[*] '치료사(empirique)'는 경험에 의존하는 의사를 뜻하며 18~19세기에 '돌팔이(charlatan)'와 혼용된 말이다.

람은 아주 돈 많은 부자이고, 병이 있는데도 의사를 고용해서 여행할 수 있을 정도의 재력을 가지고 있으며, 그러니까 뭐든지 할 수 있는 사람이라고.

단, 독자들이 너무 바쁘지 않은 관계로 이 게시물들에 관해 조금만 더 심사숙고해봤다면 이렇게 말할 것이다.

"어럽쇼, 엄청난 부자가 **그랑드트뤼앙드리가**에 산다니 놀라운걸! 꽤 특이한 분이네. 영국인인가 보군!"

그리고 더 나아가서, 친구 중에 고객 없는 의사들이 있다면 아마 이렇게 말했을 것이다.

"이보게, 여행에 동반할 의사를 찾는 아주 돈 많은 영국인이 있네."

그것참! 화가 날 지경이다. 당신들은 커다란 오류를 범했다……. 영국에 관하여, 그리고 그랑드트뤼앙드리가의 돈 많은 환자에 관하여.

위에서 인용한 의학 방언을 풀이해보겠다.

20여 년 전부터 프랑스 경찰의 형사계는 그 모든 치료사—통속적으로 말해서 돌팔이들—에 대해 의학계보다 훨씬 민감한 반응을 보이며 철저하게 추적해왔다. 그들은 이제부터 인간에게서 **피를 뽑고, 관장을 하고, 떠나보내도*** 좋다는 면허증을 의과대학으로부터 받지 못한 채로, 고통받는 인류를 치료하는 이들이다.

또 다른 치료사들은 조금 더 특수한 부류로, 특정 질병만 치료한다. 그들이 특히 눈병에 강한 집착을 보인다는 것은 주목할 만한데, 이는 다음과 같

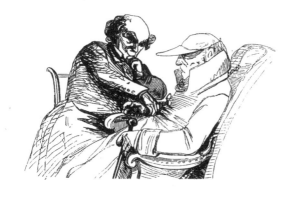

---

* 이 구절의 원문은 라틴어로 되어 있다. "*saignare, purgare et expediare*".

이 해석된다. 이 환자들은 아무 돌팔이 의사든 맹목적으로 믿을 가능성이 다른 어떤 환자보다 크기 때문이다.

그러므로 86개 지방을 늘 떠돌아다니는 안과 의사의 수는 신만이 알 것이다! 사실 이 인류의 은인 대부분이 이탈리아인, 에스파냐인, 또는 사부아인들이라는 것 또한 주목할 만하다. 게다가 그들은 모두 나폴리의 대공, 심지어 우리 교황님의 노새에게 백내장 수술을 해줬다고 자랑한다! 그런데 사실

그들은 나폴리, 로마, 파리에서 그저 발치拔齒를 해 보았을 뿐이니, 신뢰할 만한 명예가 아닐 수 없다. 발치에는 검의 날이 사용되는데, 그것은 모든 나라에서 병사들의 잇몸에 피를 낼 때 진짜로 어울리는 유일한 도구이다.

프랑스에서 불법 의료행위로 인해 5, 6백 프랑의 벌금을 물게 되면 그들의 소득은 많이 감소할 것이므로, 이러한 일을 피하고자 이 떠돌이 명의들은

벌금이 진료 때마다 부과되지 않도록 자신들의 짐 마차에다가 모든 필수적인 약병과 함께 프랑스인 의사 한 명을 조심스레 끼워 넣는다. 그는 모든 처방전에 D. M.* 이라는 필수적인 머릿글자를 붙여 서명해줄 진짜 의사이다. 이제 환자가 죽는다면, 그에게는 안된 일이지만 어쨌든, 그는 규정에 맞게 죽을 것이다!

이와 같은 의료 거래에 관해 당신은 무슨 말을 하겠는가? 아름다운 문명의 이상형인 척하지는 마시라! 베두인족†이라면 이러한 것을 발명하지도 않았을 터!

치료사들을 따라 여행하는 이 의사들은 각각 하루에 3, 4개의 서명을 한다. 일 년이면 1,460장의 처방전이다. 연 1,200프랑에 상당하며, 각각의 처방전은 17수에 해당한다!

---

*   Docteur en Médecine, 즉 '의학박사'를 뜻한다.

†   아랍인들 중에서 옛날부터 중동의 사막에서 유목 생활을 하는 민족을 지칭한다.

그보다 싼 값으로 사람을 죽이는 것은 불가능하다. 정의는 의학보다 훨씬 이윤이 적다. 사실 1년에 100루이도르 이하로 고용할 수 있는 청부살인 업자는 없다. 더군다나 2, 3년간 할 일이 없는 경우도 비일비재하다.

필자는 치료사들이 가끔 이 사형집행인들에게 선심을 쓰며, 그들이 어떤 도시에서 **일을 잘한** 날이면 특별수당으로 배불리 먹인다고 믿고 싶다.

이 떠돌이 치료사 중에는 일 년에 25,000프랑을 버는 자도 있다. 이게 말이 안 된다고 생각하는가? 웬걸! 반대로 이것은 완전히 말이 된다. 다음은 이와 같은 떠돌이 돌팔이 의사와 정직하고 선량한 어느 지방 도시의 의사 사이에서 오간 대화를 기록한 것이다. 이 의사는 아무리 애를 써도 고작 일 년에 1,000에퀴를 벌 뿐이다. 사기꾼은 그 도시에 온 지 보름 만에 1,200프랑을 벌었다.

치료사   의사 양반, 이 도시에 얼마나 된다고 보시오? **영혼들** 말고 주민들 말이오.

의사	25,000명이라오.
치료사	25,000명의 주민 중에서 영적인 사람들은 얼마나 된다고 보시오?
의사	정확히 알기는 어렵소만……, 고작해야…… 150명이 안 된다는 것은 분명히 말할 수 있소.
치료사	그러면 상식 있고 똑똑하고 생각 있는 사람은 얼마나 된다고 보시오?
의사	300명쯤 되겠소만.
치료사	나도 같은 생각이오……. 그렇다면 이 도시

에서 병이 발생했을 때…… 450명이 나보다 의사 양반을 더 신뢰한다 해도 놀랄 것은 없겠구려……. 그런데 내가 보름 만에 1,200프랑 이상을 벌었다는 것도 충분히 짐작하실 것이오. 나는 완전히 나한테 속아 넘어간 24,550명의 바보를 진료했다오!

은퇴한 다음 우리들의 의사는 조용히 이 호구들 사이에서 살아간다. 모두에게 존경을 받지는 못하더라도, 적어도 소방관들은 모두 그에게 존경어린 인사를 건넨다.

제14장

수술의 기적

태곳적부터 화학은 기적의 전문분야였던 것 같다. 멜라이노콤 포마드*의 광고를 참조하라. 그러나 수술은 가루약, 쥐약, 레뇨정†을 발명한 과학의 뒤편에 오래 머물러 있고자 하지 않았다.

　이제부터는 경이로운 광고와 벽보에서 화학보다는 수술에 관해 더 많이 보게 될 것이다. 여기서 더욱 놀라운 것은, 랜싯 한 번 쓱 긋는 것으로 치료

---

* 　멜라이노콤 포마드(pommade mélaïnocome)는 석탄을 함유한 머리 염색제였다.

† 　제4장과 제15장을 참고하라.

의 기적이 일어난다는 점이다!

나는 사팔뜨기도, 말더듬이도, 휜 다리도 아닌 것이 참으로 유감스럽다. 그랬더라면 눈과 혀와 다리를 한 방에 고치는 수술 승인서를 받았을 텐데 말이다. 7세 이하 어린이 환자분들은 반값 할인에 모신다.

맙소사, 당신은 지금 외과의를 보러 간다. 치과의사일는지도 모르지만, 아무튼 당신은 이렇게 말한다.

"의사 선생님, 저는 끔찍한 사시입니다"

치과의사일 수도 있는 외과의사는 대답한다.

"다행입니다!"

"네, 그런데 저는 말더듬이입니다!"

"완벽합니다!"

그러고 나서 다른 말은 없이, 외과의는 도구 상자를 열고, 당신은 눈을 크게 연다. 그는 랜싯을 빼내고, 당신은 혀를 빼낸다. 눈 깜짝할 사이에 당신의 혀와 눈에 랜싯이 그어진다. 끝났다. 이제부터 당신은 변호사처럼 말하고 상점 경비원처럼 멀리

볼 것이다! 랜싯이 당신의 눈을 파내지만 않았다면 말이다. 그래도 어쨌든 당신은 이제 더는 사시가 아니라고 자위할 수는 있다.

그저 애꾸눈일 뿐.

혀 수술에는 엄청난 조심성이 필요하다. 외과의가 혼동이라도 하면 신경을 자르는 대신 목구멍을 자를 테니까.[*]

이 두 가지의 사소한 근심거리만 없으면 이 두 가지 수술은 언제나 큰 성공을 거둔다.

자코토[†]씨가 한창때에 증명하기를, **모든 것은 모든 것 속에 있다.** 더 나아가 오늘날 외과의사들이 주장하기를, **모든 것은 극소한 신경 속에 있다**는 것이다. 당신의 몸에 교란을 일으키는 이 작은 신경이라는 악당을 찾아내기만 하면 된다. 그들은 이제 고통의 뿌리를 제거할 것이 아니라 극소 신경을 잘라야

---

[*]   신경섬유(filet)와 목구멍(sifflet)의 운을 이용해서 언어유희를 하고 있다.

[†]   자코토(Jean Joseph Jacotot, 1770~1840)는 '자코토의 방법'이라 불린 교육 방법을 창시한 프랑스의 교육자이다.

한다고 말한다.

당신은 위염 때문에 의사에게 가는 중인가? 외과의사는 **인간**이라는 이름의 꼭두각시를 움직이게 하는 가는 줄들을 살펴보기 시작할 것이다. 그리고 위를 너무 세게 잡아당기는 줄을 싹둑 자를 것이다……!

당신은 탈레랑*씨처럼 다리를 저는가? 랜싯으로 귀 뒤를 쏙! 당신을 절뚝이게 했던, 수축해 있었던 극소 신경을 자르기만 하면 장애는 해결된다.

당신은 가끔 광란의 설사병으로 고생하는가? 싹둑! 결장의 신경을 자르기만 하면 모두 해결된다.

단, 서로 얽혀 각각의 특별하고 소소한 기능들로 인간의 몸을 아름답게 해주는 43,000개의 작은 신경들 사이에서 그 어떤 미세한 실수도 범해서는 안 된다는 것, 수술에서는 그것이 관건이다.

---

* 탈레랑(Charles Maurice de Talleyrand-Périgord, 1754~1838)은 프랑스의 정치가, 외교관이자 로마 가톨릭교회 성직자이다.

수술 의사가 근시이거나 방심하거나 바보짓을 한다면, 또는 심지어 이 세 가지가 합쳐진다면, 수술칼이 아주 조금만 벗어나도 당신은 큰 근심거리를 갖게 될 것임을 굳이 감추지는 않겠다.

당신은 오른쪽 다리를 절뚝이며 집에서 나왔는데, 외과의가 너무 잘 치료한 탓에 신경 한 개를 자르는 대신 두 개를 자르는 바람에 원래는 너무 짧았던 다리를 너무 늘려놓아서, 집으로 돌아갈 때는 왼쪽 다리를 절뚝이는 일이 일어날 수도 있다.

눈 수술도 마찬가지이다. 가장 행복했던 어린 시절부터 당신은 코끝을 바라보는 슬픈 습관이 있었다. 이 단조로운 시점에 질린 당신은 사시 전문 외과의사에게 시각의 변화를 만들어 달라고 간청한다.

수술 도중에 당신이 불길하게도 정치 얘기를 꺼낸다거나, 의사 선생님께 **괴이한 질문**을 던지거나, **설탕 문제*** 또는 **대구 문제**†에 대한 의견을 요청한다면, 길 잃은 메스는 서투른 칼질로 당신의 눈동자를 안구 반대편으로 돌려놓을 것이다. 이제 당신은 코끝을 보는 대신 언제나 귀를 보게 될 터.

그러나 우리는 희망을 잃지 말아야 할 것이다.

---

* 설탕 문제(la question des sucres)란 19세기 프랑스에서 정치, 경제와 관련되어 큰 논란을 일으켰던 주제, 즉 식민지에서 사탕수수를 원료로 생산된 설탕과 프랑스 본토에서 사탕무를 원료로 하여 생산된 설탕 중 어느 쪽에 특혜를 줄 것이냐 하는 문제를 말한다.

† 대구 문제(question des morues)란 '대구'를 뜻하는 프랑스어의 두 단어 morue와 cabillaud를 상업적으로 어떻게 규정할 것인지에 관련된 문제를 가리키는 것으로 보인다. 어업 현장에서의 용어법과 요리에서의 용어법이 다른 탓에 오랫동안 혼동과 논란을 일으켰던 문제다.

프랑스 의학은 그처럼 아름다운 행로를 멈추지 않을 것이며, 신경의 결함을 고치는 기술만 발견하면, 바이올린의 줄을 갈듯이 손상된 신경을 갈아 끼울 수 있을 것이다.

그러면 우리는 최고 품질의 신경, 고무로 만든 신경, 크리놀린우디노 신경(지속 기간 25년!)‡을 파는 상점들이 생겨나는 것을 보게 될 것이다.

그러나 이 모든 종류의 경합에도 불구하고 필자는 가장 인기 있는 최고의 신경은 여전히 소의 신경일 것으로 생각한다.

곱사등이 치료는 세 번의 간단한 수술로 이루어지는데, 이는 외과학의 기본이다. 50가지가 넘는 가지각색의 정형외과 수술이 존재하는 덕분에, 어깨 위에 몽마르트르만큼 커다란 언덕이 얹혀 있었던 환자도 즉시 가자미처럼 납작해져서 나온다.

---

‡ 크리놀린우디노(crinoline-Oudinot) 신경은 상상의 산물이다. 'crin(말총)'과 'lin(리넨)'의 합성어인 크리놀린은 말총을 넣어 짠 빳빳한 천의 이름이다. 1829년 우디노뤼텔(Oudinot-Lutel)에 의해 발명된 이 직물은 스커트를 받쳐주는 페티코트의 재료로 쓰였다.

때때로 불행한 환자들은 수술이 너무 과하게 되어서 문제다. 인간이란 결코 만족하지 못하는 존재이니까.

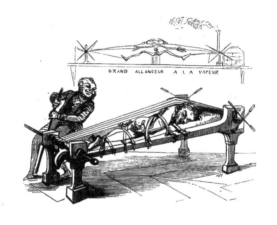

또 다른 정형외과의들은 환자들을 학대하지 않도록 주의하며, 정반대의 방법으로 치료한다.

그들은 일 년에 3,000프랑을 받고 소년기의 척추장애자들을 6년 동안 아버지처럼 돌봐준다. 어느날 그 가족이 아들을 다시 데려오고자 하여 1,000에퀴의 수당을 더 지급하지 않으려 하면, 의사는 그가 완전히 나았다고 선언하며 부모에게 되돌려준다.

그 자신이 곱사등이인 아버지는 과연 그의 아들이 에로스만큼이나 번듯한 모습임을 확인할 것이다!

제15장

약사에 대한 소고

대개 이름이 운명에 끼치는 영향은 놀라울 만큼 크다. 약사의 경우를 보라! 그가 약제사*라 불리던 시절에 그의 직무와 사회적 지위는 그다지 특별한 것이 아니었다. 그런데 그가 **약사**라는 명칭을 부여받은 이후부터 모든 것이 기적과 같이 바뀌었다. 어지간히 서투르거나 돌팔이가 아닌 이상에는 10년에서 12년만 실습하면 연고든 물약이든 정부에서 인정하는 **특허**를 내서 적어도 12,000리브르의 수익을

---

* apothicaire는 pharmacien(약사) 이전에 쓰이던 말로, '약사'의 전 용어인 '약제사'로 옮겼다.

올릴 수 있다!

몰리에르의 시대에 약제사는 30년의 견습 기간을 거친 후에야 약간의 돈을 벌 수 있었다. 게다가 그 견습이란, 하느님 맙소사!

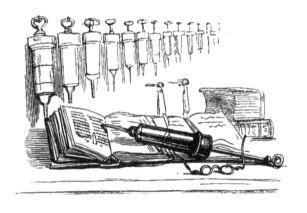

현재 파리의 모든 상점에서 유행하는 것은 전문분야다.

약제사들의 — 앗, 죄송! 약사들의 — 가게들 또한 즉시 이 방법을 채택했다. 오늘날 이 사업가들은 각자 자기만의, 굉장한……, 그리고 매우 비싼, 특수한 전문분야를 가지고 있다.

어떤 곳은 무수히 많은 푸아 아 코테르*만 취급한다. 다른 곳은 구강용품 전문이어서, 치통에 쓰이는 작은 병들만을 판매한다!

---

* 히포크라테스 이래 오랫동안 서구 의학을 지배했던 체액설을 토대로 하는 치료법에는 여러 가지가 있었는데 코테르(cautère)는 그중 하나다. 코테르란 질산은 같은 소회(燒燬)제를 이용하거나 기구를 사용해서 조직을 지지거나 태우는 것을 말하는데, 의도적으로 화농을 일으켜 일정 기간 동안 보존한 후 뽑아내기 위한 것이다. 푸아 아 코테르(pois à cautères)는 이 화농성 궤양을 유지하기 위해 삽입하는 도구로, 은, 금, 목재 등으로 만든 구슬, 구형 또는 원추형의 식물성 물체 등 다양한 종류가 있었고, 'boule d'iris'라고 불린 붓꽃의 뿌리가 가장 흔히 사용되었다. 18세기까지 성행했던 이러한 치료법은 20세기에 와서야 자취를 감추었다.

살찌는 약만 파는 곳도 있다.

어떤 곳에서는 그로카유 담배 회사와 경쟁하
여 비염을 고치는 약용 담배만을 판다.

또는 영원히 ─ 사후까지도 ─ 자기 자신을 보존하는 데 쓰이는 신비한 액제를 판다.

다른 곳에서는 류머티즘을 ─ 그리고 피부까지도 ─ 돌연히 제거하는 데 쓰이는 전기자기장 브러시만을 취급한다.

그러나 2, 3백 개에 달하는 파리 약국들의 진정한 전문분야는 무엇보다도 호흡기 질환용 윤활제를 개발하는 데 있다.

옛날에는 귀리통 두 개 사이에서 고민한 불쌍한 뷔리당의 당나귀*를 딱하게 여겼지만, 오늘날 서로 자기네 제품이 최고라고 자부하는 300명의 호흡기 전문 약제사 사이에 놓인 감기 환자의 입장은 더더욱 딱하다.

PRED'HOMME

이 사업가들이 버는 돈은 엄청나다. 그들에 비하면 금융업자는 어린애에 불과하고, 주식중개인은 사부아 촌뜨기에 불과하다.

조금이라도 머리를 쓸 줄 아는 약사는 기회를 포착하기만 하면 가벼운 유행성 감기만으로 십만 프랑의 수입을 올릴 수 있다.

결국 3,000프랑이면 매장의 감초를 전부 살 수 있고, 이 감초에다가…… 허황된 이름을 붙이기만 하면 원하는 연고와 함께 십만 프랑을 얻을 수 있다.

오늘날 유일하게 어려운 일은 이름을 발견하는 것이다. 사람들은 이미 송아지 허파, 달팽이, 장손 레뇨씨, 기타 모든 향유 발린 이름들을 최대한도로 활용했다.

　호흡기 질환을 가지고 희롱하는 마당에 고무
를 못 쓸 까닭이 어디 있으랴. 약간의 감초를 섞어
정제로 만든 고무는 입에 넣고 아무리 오래 빨아도
닳지 않는 경제적인 제품이라고 하였다.

　그런데 그것이 좋지도 않지만 나쁘지도 않다
고 한다면 당신은 나에게 동의하는가? 같은 방식으

로 칭찬해야 할 약들이 많이 있는가?

상점 경비원, 악어, 파리 집주인들의 심장 다음으로, 호흡기 윤활제 발명가의 심장보다 더 잔인하고 더 단단한 심장은 없다! 그러나 이 사람은 훌륭한 가장이고, 그의 어린 아들에게 폴리치넬라 인형*을 사주기 위해서라면 자기 바지라도 팔 것이다. 그가 아침저녁으로 기도를 올리는 유일한 이유는 모든 유한자들이 코막힘, 감기, 백일해에 걸리게 해달라고 에둘러 말하기 위해서다! 이 야만인은 아침에 일어나면 창문을 열기 전에 두툼하게 솜을 넣은 좋은 실내복으로 신중하게 몸을 감싼다. 그리고 지평선을 보고 바람이 북쪽에서 불어오는 걸 확인하면 손을 비비며 기뻐한다. 바야흐로 기압계의 바늘은 폐병의 계절을 가리키고 있으므로.

해빙의 시기가 도래하여 파리의 거리가 베네치아의 운하들과 정확히 똑같은 — 푸른 물결과 곤돌라 들만 제외하고 — 풍경으로 뒤덮이면, 이 사람

---

*   이탈리아 소극에 등장하는 꼽추 인형.

은 가브리엘 들레세르씨[†]의 이름을 축복한다.

소나기가 쏟아지는 매력적인 봄이 오면 그는 파리 사람들의 몸에 스며드는 찬비를 보며 더할 나위 없는 기쁨을 느낀다. 그에게 봄비는 하늘에서 내려오는 만나와도 같다. 그는 호흡기 윤활제 100갑을 준비한다.

그리고 아주 최근에 있었던 황제의 장례식에서, 호흡기 윤활제 상인은 멋진 가발을 쓰고 이곳저곳 행렬을 뒤따르며 소리쳤다. **"모자를 벗으시오!"** 우리의 계산가는 모자를 벗은 모든 머리에서 **달팽이 연고** 판매량이 적어도 15갑은 확실히 보장될 것임을 알아차렸다. 모두들 알겠지만, 신문의 4면에 의하면 이 동물의 껍질은 우리가 적절하게 우려냈을 때……, 탁월한 방향제가 된다!

호흡기 윤활제 발명가는 경쟁자들과 지속적으로 싸워야 하는 것만 아니라면 완전한 행복을 누

[†] 당시 파리 경찰청에서 근무한 고위 공직자(Gabriel Abraham Marguerite Delessert, 1786~1858).

렸을 것이다. 인간은 누구나 형제 사이이지만 약사들끼리는 사촌보다도 멀다. 그들은 자신들의 방향제 바른 허파를 한껏 활용해서 끊임없이 서로를 비방하고 상대방의 약을 헐뜯는다. 어떤 이가 신제품 **도마뱀** 연고 — 인간의 탁월한 친구인 — 를 사회에 적절하게 정착시키기 위해 고작 30,000프랑이라는 빈약한 액수를 광고비로 사용하면, 그다음 날 경쟁자는 **도마뱀**의 위신을 땅에 떨어뜨리기 위해 40,000프랑을 써서 증명한다. 그 **도마뱀**은 모사꾼이고 도둑놈일 뿐이며, 진정한 인간의 친구는 괄태충뿐이라고.

그러나, 오오, 괄태충도 오랫동안 승리를 누리지는 못한다! 다음다음 날 대담한 갑충류가 대중의 경탄을 받으며 등장한다. 그리고 천지와 호흡기 윤활제가 창조된 이래 대대손손 이어온 품질은 쥐며느리뿐임이 같은 신문에서 증명된다. 기침을 멎게 하고 해담을 뱉어내게 하고 신경통을 낫게 하고 동상을 치료하고 피로를 멈추게 해주는 것은 그것만이 유일하다.

오, 약사들이여! 약사들이여! 그대들은 의사들을 도울 자격이 충분하다. 사기꾼이라는 점에서 그대들은 그들의 실질적인 동업자이므로!

제16장

결언 및 교훈

독자들은 이제 막 이 책을 다 읽었다. 필자는 독자들에게 작별을 고하기 전에 갸륵한 관행에 따라 이 책의 모든 교훈을 알려드림으로써 독자들이 그것을 음미하도록 세심히 배려하고자 하였다.

그러나 아무리 노력해도 다음과 같은 결론 외의 다른 결론에 이르는 것은 불가능했다. 이 시대의 모든 의료 사기꾼들의 행위에는 일말의 교훈도 없다!

거침없는 터치로 묘사된 시대의 자화상

홍서연

1841년 7월, 파리.

　루이 후아르트Louis Adrien Huart(1813~1865)의 『의사 생리학Physiologie du médecin』이 세상에 나온 시점의 시공간 좌표다. 이 책을 흥미롭게 읽기 위해서는 우리 자신을 이 좌표점에 놓아보아야 한다.

　『의사 생리학』은 127쪽짜리 in-32 판형으로 1841년 파리에서 출판되었다. 이 판형은 세로 10cm가 못 되는 작은 크기로, 19세기 서적의 포맷 중에서 가장 작다. 속표지를 비롯한 여러 쪽은 삽화가인 트리몰레Trimolet의 풍자화로 깨알 같이 장식

되어 있다. 누구라도 이 책을 한번 들여다본다면 이 것이 오락적 요소가 강한 출판물이며, 아마도 지식 층을 대상으로 하는 가벼운 읽을거리였으리라 직 관적으로 추측할 수 있을 것이다.

1840~1842년경 파리의 서점에는 이러한 유형 의 책들이 활발하게 유통되고 있었다. 동일한 판형, 유사한 형식으로 간행된 청색, 황색 표지의 이 책들 은 다양한 주제들을 다루고 있었지만 공통점이 있 었으니, 그것은 '생리학Physiologie'이라는 표제를 달 고 있었다는 점이다. 어떤 분야건 그 내용과 위상이 시대에 따라 다르다는 사실을 아는 독자라면 이 책 들에서 오늘날 우리가 아는 생리학 이론의 전개를 기대하지는 않겠지만, 의외성은 상상 이상이다. 이 책들의 내용은 현대어로 하자면 오히려 '사회학'에 가까우니까 말이다.

시초는 1826년에 출판된 알리베르Alibert의 『정념의 생리학Physiologie des passions』이었다. 그리고 그 해가 끝나기 전에 곧바로 미식가 법조인인 브리 야 사바랭Brillat-Savarin이 바통을 이어받아 『미각의 생리학*Physiologie du goût*』을 발표했다. 이 작품은 한 세기 동안 재판에 재판을 거듭하며 당시 출판계의 히트작으로 남았다.

　그리고 10년 남짓한 시간이 흐른 후 '생리학' 출판은 1841년 7월부터 1842년 2월 사이에 절정을 맞이한다. 이전까지 매달 5종 미만으로 출판되던 이러한 유형의 책들이 약 10~15종으로 갑자기 증가한 것이다. 이 기간에만 91종의 '생리학'이 기다렸다는 듯이 쏟아져나왔다. 1800년대가 끝날 때까지 약 70년 동안 간행된 200여 종의 '생리학' 책들 중 거의 절반에 달하는 수가 이 시기에 나온 것이다.

　『의사 생리학』은 정확히 이 절정기가 시작되는 시점인 1841년 7월에 출판되었다. 유행을 알리는 신호탄이라고나 할까. 저자는 시대를 읽어내고 문화의 그루브를 탈 줄 아는 탁월한 감각의 소유자였음이 분명하다.

『의사 생리학』은 여러 측면에서 19세기 초 프랑스 사회를 생생하게 보여주는 흥미로운 책이다. 이 시기는 정치적으로는 1789년 대혁명 이후 1848년 공화국이 선포될 때까지 지속된 마지막 정치적 격변기였고, 경제적으로는 나폴레옹 전쟁과 대륙봉쇄령의 실패로 인한 경제적 타격 이후 산업혁명이 가속화되던 중이었다. 의사는 당시 프랑스 사회를 흠뻑 적신 자유주의의 분위기 속에서 다른 몇몇 전문 직업군들과 함께 새롭게 주목받던 계층이었다.

당시 프랑스에서는 돌팔이charlatan, 치료사empirique, 동종요법 의사homéopathe, 수치료사hydropathe, 약사pharmacien 등 다양한 무면허 의료업자들이 판을 치고 있었다. 한편으로는 의과대학에서 배출한 엘리트 의사들이 활동하고 있었다. 프랑스에서 19세기 내내 이루어진 교육개혁과 맞물려, 이들 의료인은 집단적으로 자신들의 사회적 지위를 높이기 위해 분투했으며 이 집단의 역학관계는 오랜 기간에 걸쳐 변화했다.

조직학, 해부학, 생리학 분야에서는 18세기에

이미 놀라운 발전이 있었지만, 의학 이론화는 쉽게 이루어지지 않았다. 반면에 병원 중심의 의학이 생겨나 신체검사, 부검, 통계를 토대로 병리학이 발전했다. 이 때문에 파리의 대형 병원들은 후에 '근대의학의 워크숍'으로 불리게 되었다. 그러나 병원의학이 곧바로 의사의 전문화로 연결된 것은 아니었다. 병원을 중심으로 외과 기술과 외과 교육이 발전하고 병리학, 진단학, 통계에 근거한 치료가 행해졌으나 많은 환자가 적절한 치료를 받지 못한 채 결핵, 디프테리아 등으로 사망했고, 부검과 통계의 연구 대상이 되었다. 이러한 상황은 19세기 말 실험에 기초한 의학과는 확연히 다른 것이었다.

　　의학 이론화가 진행되던 이 시기에 실제 치료에서는 잡다한 여러 방법이 사용되었는데, 이에 관해서는 이 책에 자세히 소개되어 있다. 특히 주목할 만한 점은 고대 그리스로부터 이어져 내려온 체액설에 근거한 방법들이 여전히 활보하고 있었다는 사실이다. 이 책에서 자주 언급되는 사혈요법과 제15장에 등장하는 코테르는 그러한 방법 중 가장 흔한 것이었다.

체액설은 기원전 5~4세기의 저작인『히포크라테스 전집 Corpus Hippocraticum』에 설명되어 있다. 60여 편으로 구성된 이 저작에서 히포크라테스(기원전 460~377년?)가 쓴 것으로 확인된 것은 없으나, 그가 속한 코스 학파로 대표되는 당시 의학의 면모를 상세히 보여준다. 체액설은 고대 그리스 우주관을 바탕으로 인간 신체에 대한 전인全人적인 시각에 따라 질병의 발생 원인과 치료법에 대해 체계적인 설명을 제시한다.

체액은 피, 황담즙, 흑담즙, 점액을 일컫는데, 이 네 가지는 각각 4원소(공기, 불, 흙, 물)와 장기(심장, 간, 비장, 뇌)에 연결되고 온냉건습의 성질을 지니므로, 각 개인의 성격, 생애주기, 질병의 경과를 예측하고 해석하는 기준이 된다. 피부에 나타나는 홍조, 환자가 내뱉는 가래와 피, 그가 흘리는 눈물과 콧물, 소변의 빛깔, 싸늘하거나 축축하거나 창백한 피부 상태, 설사나 구토 등을 통해 체액의 변화가 드러난다. 특정 체액이 과도하거나 부패하게 되면 병에 걸리는데, 인체의 자연치유력에 따라 체액의 불균형이 해소될 수 있다. 고름, 땀, 가래, 소변, 구토, 설사와 같은 배출의 기능이 그것이다. 『전집』에는 유명한 '요리의 비유'를 통해, 인체는 오븐과도 같아서 지나치거나 부패한 체액을 스스로 처리하여 밖으로 내보낸다고 서술되어 있다.

병든 신체가 체액을 스스로 처리하지 못할 때에 필요한 것이 사혈요법이었다. 사혈은 중세를 거쳐 19세기 중반까지 서구 의사들이 가장 많이 사용한 치료법 가운데 하나였고, 과학적 의학이 성립된 19세기 후반까지 성행했다. "심각한 병에는 강한 치료가 제격"이라는 『전집』의 경구에 따라 환자가 기절할 때까지 피를 뽑기도 했으며, 이 책에 나타나는 것처럼 거머리를 환자의 몸에 붙여 피를 빨게 하기도 했다. 고대 의사들이 수술을 기피했던 배경이 인체 해부의 금지 때문이었음을 생각해보면, 19세기 초반에 눈부신 발전을 보인 외과 수술에 대해 조롱하면서 여전히 거머리 요법을 신뢰하는 저자의 태도는 아이러니라 하지 않을 수 없다.

사혈요법과 함께 현대인의 눈에 극악해 보이는 또 하나의 치료법은 제15장에 잠깐 드러나는 '코테르' 요법이다. 파리에 새롭게 모습을 나타낸 약사들의 전문점―'약종상'이라기엔 근대적이고 '약국'이라기엔 전근대적인―가운데 '푸아 아 코테르pois à cautères'만을 취급하는 곳이 있다는 대목에 주목해 보자. 코테르는 신체 조직에 인위적으로 만든 상처를 가리키는데, 그 목적은 화농을 일으켜 일정 기간 보존한 다음 뽑아냄으로써 인체 내부의 해로운 기운을 제거하기 위한 것이었다. 푸아 아 코테르는 상처가 자연적으로 아무는 것을 막고 화농이 크게 일어나도록 자극하기 위해 상처에 끼워넣는 도구다. 금, 은, 나무로 만든 구슬, 붓꽃 뿌리boul d'iris와 같은 자연물을 상처 속에 끼워 넣어 몇 주 동안 고름을 키웠다니, 오늘날의 시각으로 보면 위험하기 짝이 없을 뿐 아니라 환자의 고통을 상상하면 소름이 끼치는 일이다.

　　지나간 시대에 성행한 소위 '영웅적 치료'에는 사혈과 코테르뿐 아니라 수포, 토제, 하제, 마약에 의한 방법이 있었고, 이 책이 쓰인 시기인 19세기 중반기는 실험과학에 기초한 의학이 도래하기 직전에 의학이 거쳤던 가장 어두운 시기로 기록된다. 온갖 만병통치약이 난무했고, 신문과 잡지 등 급속히 발달하고 있었던 매스미디어는 아무런 제약 없이 떠들썩한 광고로 이러한 경향의 효과를 극대화했다.

때마침 영국에서 불붙은 산업혁명의 영향은 유럽 전역으로 확대 일로에 있었으며 프랑스 각지에서도 새로운 산업과 유통이 활발해지고 있었다. 이 책 곳곳에서 당시의 이러한 상황을 목도할 수 있는데, 르루아의 약la médecine de Leroy(제6장)은 희대의 독약으로 판명되어 신문 기사를 장식했고, 석탄을 함유한 머리 염색제 멜라이노콤 포마드pommade Mélaïnocome(제14장), 톨뤼고pâte de Tolu, 레뇨정pâte de Regnaule, 달팽이고pâte de colimaçon 등의 호흡기 윤활제pâte pectorale(제15장)들도 당시의 신문 광고에서 심심치 않게 확인된다. 특히 '장손 레뇨Regnauld aîné'를 내세운 레뇨정의 광고를 보면, 이 약은 파리 의학협회l'Académie de Médecine de Paris의 추천을 받았으며, 봉봉bonbon, 즉 정제의 형태로 입에 넣어 손쉽게 복용할 수 있으면서도 모든 호흡기 윤활제 중 최고의 효과를 자랑한다니, 레뇨 가문의 오랜 필살 비법으로 탄생했을 이 약만 먹으면 더는 비염, 기관지염, 천식으로 고생할 필요가 없으리라 혹할 만하다. 저자는 호흡기 윤활제들에 대해 아낌없는 조롱을 퍼부었지만, 이러한 유형의 약은 목감기 초기에 좋은 효과를 보이는 요즘의 '트로키' 제형 감기약의 원조로 보이며, 당시 프랑스 의약업은 이후의 의약 및 '바디케어' 분야의 실험실이 되었을 것임을 쉽게 짐작할 수 있다.

한편, 프랑스에서 19세기 초는 빈익빈 부익부의 사회 양극화로 크고 작은 갈등이 계속되던 시기였다. 1830년 7월 혁명으로 수립된 루이필리프의 입헌군주정 이후 부르주아들은 안정을 찾았고 산업혁명은 가속화되었다. 공화파는 1832년 6월 봉기를 일으켰으나 이틀 만에 군대에 의해 진압되었고, 부르주아와 프롤레타리아의 크고 작은 갈등은 계속되었다. 산업화는 다양한 형태로 시골 구석구석에까지 확장되고 있었다. 중앙 정부에서는 관료제가 확립되어 한결 효과적인 방식으로 징세와 군대 징집에 만전을 기하고 있었고, 가내 산업들은 이제 공장 제품과의 직접적인 경쟁에 직면해야 했다. 이로 인한 가계 수입의 하락과 취약성은 종종 정치적 폭력으로 폭발되어, 농촌의 반란은 일상이 되어갔다.

사실 이 시기는 유럽 전역에서 농촌 소요가 일어나고 있었다. 소요의 요인은 수두룩하게 널려 있었다. 지주에 대항하고 교회의 십일조와 정부의 세금에 저항하며, 관습적으로 이어져 오던 권리를 박탈하는 새로운 법에 반대하고, 농민의 고통에 둔감한 정부에 대항하는 반란이 비일비재하게 일어났다. 이러한 상황은 1846년에 경제공황이 닥치고, 나폴레옹 이후 44년 만에 다시 공화정을 수립한 계기가 된 1848년 2월 혁명이 일어나기 전까지 지속되었다.

저자가 리옹의 운명을 한탄하며 수많은 봉기

에 시달린 불운한 도시라 말할 때 여기에는 일말의 과장도 없다. 군의관에 대한 형편없는 처우를 개탄하며 서로 자신의 팔다리를 먼저 잘라 달라고 외치는 야전병원의 아비규환을 묘사할 때, 그리고 매년 300명의 징집대상자 중 신체장애를 호소하며 징집을 기피하고자 하는 젊은이가 대략 300명에 달한다고 하는 대목을 맞닥뜨릴 때, 우리는 나폴레옹 시대를 거친 프랑스인의 트라우마를 읽어낼 것이다. 수술 중인 외과의사 앞에서 절대로 꺼내서는 안 될 화제로 '설탕 문제'를 꼽는 대목에서, 우리는 대륙봉쇄령이 남긴 참상을 당시 프랑스 지식인들이 어떻게 여기는지 짐작할 것이다.

무엇보다도 저자는 이 책에서 의사와 변호사로 대표되는 새로운 엘리트층의 부상을 면밀한 터치로 스케치하고, 그 이면을 들추었을 때 나타나는 참담한 실상을 폭로한다. 그러나 루이 후아르트를 비롯한 '생리학' 저자들의 스타일은 중압감이 느껴지는 르포르타주 쪽이라기보다는 즉각적이고 다소 거친 듯한 터치의 시사만평 쪽에 가깝다.

당시 프랑스 사회와 파리 문화계의 최신 사건, 화제의 스펙터클, 첨예한 이슈, 유명 인사들을 그야말로 '인싸'적인 정통성으로 종횡무진 참조하는 이 일필휘지의 시차 없는 즉각성의 미학을 180년 이후 한국 독자들에게 전달하기 위해 나름대로 심혈을 기울였다. 부디 많은 독자가 이 책의 행간 속에서 낯선 것과 익숙한 것의 재기발랄한 마찰과 합성의 경험을 최대한으로 누리시길 바란다.

의사 생리학

Physiologie du médecin

초판 1쇄 발행	2021년 10월 22일

지은이	루이 후아르트
옮긴이	홍서연
펴낸이	최용범

편집·기획	윤소진, 박호진, 예진수
디자인	김태호
관리	강은선
마케팅	김학래
인쇄	(주)다온피앤피

펴낸곳	**페이퍼로드** paperroad
출판등록	제10-2427호(2002년 8월 7일)
주소	서울시 동작구 보라매로5가길 7 1322호
이메일	book@paperroad.net
페이스북	www.facebook.com/paperroadbook
전화	(02)326-0328
팩스	(02)335-0334
ISBN	979-11-90475-85-3 (03300)